儒学原理与学习心法

陈东 著

四川大学出版社

图书在版编目（CIP）数据

儒学原理与学习心法 / 陈东著. — 成都：四川大学出版社，2023.1（2023.8 重印）
ISBN 978-7-5690-5023-3

Ⅰ. ①儒… Ⅱ. ①陈… Ⅲ. ①儒学－研究 Ⅳ. ① B222.05

中国版本图书馆 CIP 数据核字（2021）第 195195 号

书　名：	儒学原理与学习心法
	Ruxue Yuanli yu Xuexi Xinfa
著　者：	陈　东

选题策划：张宇琛
责任编辑：张宇琛
责任校对：于　俊
装帧设计：墨创文化
责任印制：王　炜

出版发行：四川大学出版社有限责任公司
　　　　　地　址：成都市一环路南一段 24 号（610065）
　　　　　电　话：（028）85408311（发行部）、85400276（总编室）
　　　　　电子邮箱：scupress@vip.163.com
　　　　　网　址：https://press.scu.edu.cn
印前制作：四川胜翔数码印务设计有限公司
印刷装订：四川煤田地质制图印务有限责任公司

成品尺寸：170 mm×240 mm
印　张：16.5
字　数：237 千字

版　次：2023 年 1 月 第 1 版
印　次：2023 年 8 月 第 2 次印刷
定　价：78.00 元

本社图书如有印装质量问题，请联系发行部调换

版权所有 ◆ 侵权必究

扫码获取数字资源

四川大学出版社
微信公众号

自序

陈 东（耳有子）

《儒学原理与学习心法》一书即将付梓，本想延请业界知名教授帮忙作序，但回想起十七年前我出版第一部研究作品时，籍籍无名，人微言轻，出版社总编主动帮我约请业内权威作序美言，其序文采固佳，却非吾书之旨，左右为难……

今我年届五十，人生已过大半，略体天命，既顾不上他人闲言，也担不了权威美言。毕竟，穷尽二十多载研究且经清华讲台近十五年打磨之作，由自己作序，一五一十、老老实实地向读者诸君陈述，不亦宜乎？

关于儒学

儒学是什么？学界常将儒学划分为"制度儒学"与"思想儒学"、"传统儒学"与"新儒学"，而我所研究者，兼而有之。不过，本书所论儒学应为"广义儒学"，她与中华文明同源而生。既有上古文明中儒学思想内核之萌芽，也有随三代壮大的制度儒学（礼）之思想主干，更有先秦日趋完备大成的孔孟之道，以及历汉贯唐及宋而辨析入

微的理学,当然还有至简易行的阳明心学……一言以蔽之,儒学实乃中华传统学说之主干,即所谓中华道统。

众所周知,儒学作为中国传统文化中最重要的学术流派,自西汉被孝武帝尊为国教后,两千多年来对中国的国家形态、社会结构、国人的生活方式、行为习惯及价值取向有着潜移默化的影响,可谓无处不在、根深蒂固。因此今世敢名"国学"者,唯有儒学。

事实上,从一定意义上讲,若不掌握儒学,我们就无法真正理解中华民族的精气神和中国历史的演变逻辑(何谓"中国"),更无法把握中国人的行事方式与行为原则(何谓"中国人")。是故在大力传承和弘扬优秀传统文化的今天,儒学理应成为当代中国人的必修课。

这,就是本书的写作动机。

关于儒学原理

学习儒学,可分为三个层面:一要知晓"是什么",二要理解"为什么",三要掌握"怎么用"。做到这三点,才算真正"得道"。

所谓儒学原理,是儒学永恒不变的"定理"与概念之间的基本逻辑,即解决"儒学为什么"的问题。众所周知,儒学有"忠""孝""仁""义""礼""智""信"等基本概念。人们在学习儒学时,难免会问:"为什么儒家会选择这些基本概念而不是其他?究竟是什么导致这些概念或信念产生的呢?"

或许有人说,儒学不就是孔孟之道吗?圣人之道,只需奉行,岂能怀疑?然而,对于当代中国人而言,质疑实不断矣。

今人学儒学,方法上固可鉴古,但终究有别于古。1840年以来,受自然科学等现代教育的影响,多数人言必"因为、所以",习惯以逻辑性的思维方式来审视一切,儒学自然也无法回避这一辨疑。

事实上,近几十年来,随着传统文化的弘扬与回归,争议也未曾休止。部分人对传统文化或无知,或一知半解,或人云亦云,往往在自以为是与偏见的前提下，言必称"伪科学"。事实上，只有在中西文化比较，或者既了解科学又熟知传统文化的基础上，才有可能做出相对公允的判断。而这，恰好是笔者的研究优势。

笔者大学本科阶段学习工程力学，性质属于工科偏理，可谓纯粹的科学。20世纪90年代中后期，笔者开始做中国传统文化方面的研究，以儒学、道学为主。2012年以后，笔者又开始了中西文化的比较研究（以哲学与宗教为核心）。基于笔者所见，科学作为一种思维方法和认知工具，与儒学并行不悖。我们无法按照西方现有的学术分类来界定儒学的范围，因为她既有科学类的思维方式，又有诸如西方伦理学的内容，还涉及政治学和社会学等，但不管如何界定，都离不开儒学始终围绕"人"这一基本事实。因此可以说：儒学即人学。除自身独特的研究方法外，科学也可作为儒学研究的一种特殊方式。

一定程度上讲，儒学是研究人的科学（但与西方人文和社会科学的研究方法与人性假设存在关键区别），她揭示了人及人际普遍存在的客观规律，即传统语境中的"人之道"。从这个意义上说，儒学与广义上的道学范围有相当的交集。

实际上，传统中国没有西方式的哲学，只有中国式的"道学"。因此，要让当代人理解与掌握儒学，就必须运用现代语境或逻辑思维方式来阐释或表述。

其实，基于理工科的学术背景，笔者在二十多年的研究中，始终以"刨根问底"的方式追问、追寻着儒学、道学的深层与内在逻辑，试图挖掘先圣列贤微言大义背后共同的、普遍的内涵。仍记得十多年前的一天晚上，笔者得以窥见道理内在的核心线索时心中那种拨云见日般的豁亮感与贯通感，当时种种至今清晰犹然。

近十年来，笔者继续深研，不断完善，并将所感所得在清华大学继续教育学院的讲台上进行分享，以期更为透彻地理解传统文化的本质。许多学员听完我的课后，改变了以往"传统文化乃经验之谈"的偏见，真切理解了传统文化自成体系的内在逻辑，增强了对母体文化

的信心——中国传统文化历经数千载依然传承不息，只因其中承载大道。

关于学习心法

今人学儒学，若仅理解儒学的原理和内在逻辑是远远不够的。笔者在继续教育学院的教学过程中发现，来清华进修培训的部分学员有一个共同点：他们在上课时似乎并非虚心听讲的学生，而往往以"老师水平的评判者"自居。他们一边听老师讲课，一边看课件或者板书，一旦发现内容似存漏洞，不能"自圆其说"时，就会举手提问，直到老师的解释让自己满意为止，否则便会争辩不休……这其实就是一种典型的逻辑思维习惯反应：运用逻辑审视一切。

但问题是，在这个世界上，合乎逻辑就一定合"理"吗？逻辑并非万能，如果单纯依据逻辑思维来学习儒学，顶多只能达到表面上的"知道"，但肯定无法"得道"，自然也就无法运用其中之"道"。学习儒学却不能用之，而又仅将其作为口头谈资或附庸风雅之具，实大违儒学"经世致用、知行合一"之旨。长此以往，学者日益知行背离、言行为二，岂不痛哉？危矣！

笔者回顾自己的研究经历，发现实则走了不少弯路。开始做先秦诸子的比较研究时，我自然而然地采用现代科学的研究方法，将诸子文本进行解构与细致比较，试图揭示其中的内在逻辑。然而，儒学与自然科学终究有别，因此，我虽有所发现，却并没有深刻体会到传统文化中所谓"博大精深"的意蕴，反倒时有"隔靴搔痒"之感，这一度让我怀疑自己的研究方式。

后来，应教学之需，笔者对传统文化的研究日益深入，特别在全面、系统而深入研究儒学时，经历了历代儒学贤哲言行与思想的洗礼，逐步摆脱了现代科学研究方式的束缚，终于发现并切实体会了数千年的中华道统诚一以贯之，儒学实有独到的传承方法（学习心法）。

沿此路径，我不但在研究深度和高度上有了新的突破，在教学方面也获得了良好的反响：清华、全国乃至海外的众多学员深切领悟到了我所讲授的传统文化之精髓，多言有醍醐灌顶之感。

故此写作《儒学原理与学习心法》一书，冀有益于读者诸君。

笔者声明

每章正文之后，围绕本章相关概念附加"耳有子"系列文言段落，以备读者阅读参考。其中，"明儒""明道""人书""治书"等，皆摘引自笔者 2009 年以来所撰写的文言体系列研究论点集。

所谓"耳有子"，乃笔者自号。耳，耳东陈之耳也；有，先父陈文有名讳也。"耳有子"者，陈文有之子也。先父离世距今已十六载，吾常思之，是以号之。

笔者致谢

说心里话，20 多年来，要感谢的人实在太多了！此处谨以少数代表之，吾心之诚，日月可鉴，天地可证。

首先，感谢先圣的经典教诲与历代贤哲的启发，使我得以窥中华大道之奥，乃成此书。实际上，在过去 15 年的讲学过程中，总有学生出于好奇询问我的师承渊源，我总以"师无常师""道之所在，师之所在"应之。事实上，20 多年来，我深入研习诸子著作，切己体察，潜心入微，体悟其道，力图理解孔、孟及儒学历代贤哲。近代以来，章太炎、梁漱溟、陈寅恪、冯友兰等先生领我更深入传统文化之门，虽无面授之缘，亦当执弟子之礼，谨以此书向诸贤致意。

其次，感谢清华大学 15 年来对我的接纳与栽培。作为一名独立研究者，自 2005 年受邀入讲座，遍历诸学院，最后常教于继续教育学院，诚难能也。清华之所以为清华，因其一贯以高标准、严品质来

要求每一位老师，于我而言，每次授课都是一次"教学考评"，此乃不敢懈怠而持续十几年不断精进之外缘，能不感恩乎？！

在此，感谢继续教育学院书记刁庆军，历任院长李家强、高策理、刘震（现任）等教授的前瞻性领导与开明厚道！感谢学院杨丹、张敏、舒美、徐燕兵、张亚生、张华、徐香兰、章婷、高威、蔡莹、王爱梅、孙茗、罗继芬等老师多年来为我的教学工作提供的帮助！同时也感谢姜荣国博士、杨清博士、贺林博士，清华社科学院王婷老师，基础工业训练中心（机械学院）董宝光老师多年来对我研究的支持！

再次，特向北京王宁嘉、周国桢、邹群柱、任杰、严开旭、齐智星，上海何春新，太原霍小强，牙克石刘振金、边伟东，宁波戴成浩、朱雪马，舟山袁红波，桐庐潘立铭，杭州徐忠海、陈捷、王卓琳、余梓宁、黄善乐，台州瞿洪龙，南京刘力，东营程远志，西安程贸易，彭州陈建忠，成都杜贵春，重庆白银峰，深圳李锋、金海芳、樊木春，郑州翟利敏、张瞭原，贵阳戈剑、苏辙，石家庄周育彪等表示感谢！

感谢四川大学出版社张晶老师与责任编辑张宇琛老师的尽心支持与专业斧正，有了她们的辛苦工作，本书才得以顺利出版。

最后，感谢家人多年来对我的理解与支持。感谢妻子张蕾的辛勤操劳和体贴！感谢大女陈桂涵、小女陈钰涵在我研究及写作期间的配合与自立！感谢姐明春、哥陈默、弟陈锋在老家对母亲的悉心奉养！总之，没有你们的理解与支持，岂有此书？

上篇　儒学心法与儒家文化

第一章　儒学心法及其应用 ·············· （003）
 第一节　儒学的学习问题与解决途径············· （003）
 第二节　儒学心法，非"诚"不入················ （014）
 第三节　如何应用儒学知识····················· （022）

第二章　儒家智慧与儒家文化 ·············· （037）
 第一节　儒家智慧····························· （037）
 第二节　儒家文化····························· （051）

中篇　儒学原理与基本概念

第三章　天理与平天下之道 ·············· （069）
 第一节　从"平天下"看传统中国"人生事"之道········ （069）
 第二节　循天理，中国"平天下"治理之道·········· （075）
 第三节　天道即公道，天理即公理················ （079）

第四章　天理与儒学之礼 ·············· （099）
 第一节　礼者，天理也························· （100）

第二节　达天理者，礼敬天下也 …………………………………（104）

　　第三节　天理诚可畏，世人当谨行 ………………………………（105）

第五章　天理与儒学之义 ……………………………………………（123）

　　第一节　何谓义：合天理则义，违则不义 ………………………（123）

　　第二节　公私分明，秉公执义，大人之道 ………………………（128）

　　第三节　勇者无惧，正义永存天地 ………………………………（135）

第六章　天理与儒学之仁 ……………………………………………（157）

　　第一节　仁是什么 …………………………………………………（157）

　　第二节　仁者爱人 …………………………………………………（161）

　　第三节　仁者天心，岂可泯灭天理良心？………………………（164）

下篇　儒学与自我

第七章　明孝道：认识自我 …………………………………………（185）

　　第一节　从《孝经》看孝道 ………………………………………（185）

　　第二节　中国人的生活方式——"三位一体"之我 ……………（187）

第八章　知天命：成就自我 …………………………………………（199）

　　第一节　孔子之天命，诚自强不息也 ……………………………（200）

　　第二节　孟子之天命，修身不懈，待时而立也 …………………（206）

　　第三节　人之命，天人共定也 ……………………………………（208）

　　第四节　尽心修身，成就自我 ……………………………………（211）

第九章　天人合一 ……………………………………………………（224）

　　第一节　中国传统之天，究竟是什么 ……………………………（224）

　　第二节　天人合一：我者人，非我者天 …………………………（232）

　　第三节　如何运用"天人合一" …………………………………（234）

后记　幸福、12块大洋和60年的夫妻 ……………………………（250）

上篇 儒学心法与儒家文化

儒学与儒家文化是两个高度相关却又有所不同的概念。

儒学是什么？是历代贤哲所发现并构建的天地间（包括自然和人文社会领域）的根本原理及其相关概念的知识体系。既言知识，毫无疑问，必然具备真理性，表现为儒学具备穿越时间（跨度达五千年）和空间（覆盖整个东亚及东南亚）而独立存在的特性。时至今日，儒学以全新的状态回归，其顽强的生命力与持续性、往复性，足以证明真理性的强大与恒久——它不为人的意志或偏好所左右。对于当代中国人而言，儒学应该成为每一位中国人知识结构中的核心组成部分。

至于儒家文化，事实上，拥有儒学相关知识者不少，但真正具有儒家文化内涵者不多。因为儒学知识只需要知道，即头脑要理解，或口头能讲述；但儒家文化则需要真正做到，即行为上要遵守、践行，从而形成一定的行为习惯，即所谓"内化于心，外施于行"。

之所以存在"有儒学知识，无儒家文化"的现象，是因为许多人并没有掌握儒学的学习心法，耽于表面文字而始终无法进入儒学之门，自然也就体会不到其真正的价值与妙处。

针对上述问题，本篇旨在为读者提供儒学的学习方式及路径，系统阐述儒学本质、学习方法、传统认知方法及儒家文化本质等内容。

第一章　儒学心法及其应用

当前，类似学科归类、儒学定位等诸多问题阻挠了传统文化特别是儒学的回归。对此，有必要跳出现有的学术分类系统，以原初、本真的视角来重新厘清进而正确理解儒学。

事实上，儒学不归属于任何一种学术类别，而是横跨哲学、伦理学、政治学、社会学、历史学、法学、地理学、生物学、组织学等诸多学科领域，其整体性与复杂性代表了中国传统知识体系的鲜明特征，也意味着她必然不同于任何一种现有的知识体系。因此，在学习儒学的过程中，除了一般的学习方法，还需要运用独特的"心法"。

那么，儒学究竟是什么？应该怎么学？又要怎么用呢？

第一节　儒学的学习问题与解决途径

在以往的课堂讲授过程中，有不少学员问及儒学该如何学的问题。他们关于学习方法的问题与困惑，总结起来大致有以下几点：

想学传统文化，但过不了语言关，看不懂文言文；感觉传统经籍的内容比较零散、不成体系，无从下手；一部经籍往往有诸多译注或

校疏版本，难以选择；对于经典中的同一句话总是有着不同的解读，孰是孰非？有人说"读经百遍，其义自现"，我怎么没有这种感觉？

若将上述问题进行归类与定性，可以发现，传统文化的学习主要有语言习惯、经典本义与真伪解读、学习方式三个方面。

一、儒学学习之基本问题

语言习惯问题。习惯的问题，还得用培养习惯的方式来解决。

笔者理科生出身，在研究传统文化的最初几年间便翻破了几本字典。在这种持续不断的过程中，我逐渐找到了文言文的节奏，也培养了自身的文言语感。常言道："熟读唐诗三百首，不会作诗也会吟。"诚不我欺也。

因此，学习传统文化，要经常诵读经典，做到"重复、重复、再重复"。如此之后，对于经文本义，虽不中，亦不远也。

经典本义与真伪解读问题和学习方式问题。之所以将这两个问题放在一起解决，是由其内在逻辑决定的。

经典本义真的无从知晓吗？其实不然。与西方式的科学不同，一切中国传统文化流派都涉及人，儒家学说更是如此。可以说，儒学的本质就是人学。

二、儒学即人学

既然儒学是人学，那么，究竟如何才为人呢？为何中国人总是讲"做人"？人究竟意味着什么？

（一）人乃实人，非鬼非神

在西方哲学体系中，人是具备"神性"的。相比而言，儒学言人时不论鬼神，人乃人，非鬼非神，明确无误矣。《论语·述而》曰：

> 子不语怪，力，乱，神。①

《论语·先进》曰：

> 季路问事鬼神。子曰："未能事人，焉能事鬼？"曰："敢问死？"曰："未知生，焉知死？"②

儒学的主要研究对象乃现世中的"活人"，而非鬼神。古人云：鬼者，归也。人死，曰离世，曰归，归其真宅耳。故名之曰鬼。朱子在《四书章句集注》中尝云："以一气而言，则至而伸者为神，反而归者为鬼，此之谓也。"

或许有人会说，今人清明祭祀，所祭非鬼神乎？答曰：鬼则鬼矣，神则未必。何以明之？《礼记·祭法》载："庶人庶士无庙，死曰鬼。"庙者，家庙也。先秦时期，一定官职或爵位以上的官员方有资格立家庙。比如天子七庙，诸侯五庙，大夫三庙，适士二庙，官师一庙，而庶士、庶人无庙。因其无庙，故其死曰鬼，即俗谓"野鬼"，以其无所归之故也。

话已至此，则需了解古人为何兴祭祀之礼。曾子曰："慎终，追远，民德归厚矣。"（《论语·学而》）荀子曰："其在君子，以为人道也；其在百姓，以为鬼事也。"（《荀子·礼论》）可见，儒家祭祀之礼，乃教化万民之方尔。《礼记·祭法》曰：

> 夫圣王之制祭祀也，法施于民则祀之，以死勤事则祀之，以劳定国则祀之，能御大灾则祀之，能捍大患则祀之，是故厉山氏之有天下也，其子曰农，能殖百谷。夏之衰也，周弃继之，故祀以为稷。共工氏之霸九州也，其子曰后土，能平九州，故祀以为社。帝喾能序星辰以著众，尧能赏均、刑法以义终，舜勤众事而野死，鲧鄣鸿水而殛死，禹能修鲧之功，黄帝正名百物以明民共

---

① 杨伯峻：《论语译注》，中华书局，2006年，第82页。
② 杨伯峻：《论语译注》，中华书局，2006年，第129页。

财,颛顼能修之,契为司徒而民成,冥勤其官而水死,汤以宽治民而除其虐,文王以文治,武王以武功去民之灾,此皆有功烈于民者也。及夫日、月、星辰,民所瞻仰也,山林、川谷、丘陵,民所取财用也,非此族也,不在祀典。①

孔子言祭祀,贵在心诚。世人好功利,多饰其行。祭祀之兴,以神警(教)人,去伪返诚而已。

在传统中国,有资格享受祭祀者,除自家历代祖宗外,首先是"有功烈于民者",昔者如社、稷、黄帝、大禹,近者如于谦、岳飞。其次为"德行垂范后世者",譬如关羽,信义卓著,被后人奉为财神。可见,享祭礼者,均乃品质卓越、配享功德者,非他也。明矣。

(二) 人乃真人,不可物化

相比于自然科学,儒学始终立场鲜明地反对"化物人",即将人等同于物。若人变成了物,便意味着丧失了人性。《礼记·乐记》曰:

> 人生而静,天之性也。感于物而动,性之欲也。物至知知,然后好恶形焉。好恶无节于内,知诱于外,不能反躬,天理灭矣。夫物之感人无穷,而人之好恶无节,则是物至而人化物也。人化物也者,灭天理而穷人欲者也。于是有悖逆诈伪之心,有淫泆作乱之事。是故强者胁弱,众者暴寡,知者诈愚,勇者苦怯,疾病不养,老幼孤独不得其所。此大乱之道也。
>
> 是故先王之制礼乐,人为之节。衰麻哭泣,所以节丧纪也。钟鼓干戚,所以和安乐也。昏姻冠笄,所以别男女也。射乡食飨,所以正交接也。礼节民心,乐和民声,政以行之,刑以防之。礼、乐、刑、政,四达而不悖,则王道备矣。②

---

① 〔清〕孙希旦:《礼记集解》,沈啸寰、王星贤点校,中华书局,1989年,第1204~1205页。
② 〔清〕孙希旦:《礼记集解》,沈啸寰、王星贤点校,中华书局,1989年,第985~986页。

试想，如果天下人皆丧失人性，不再有任何禁忌或底线，无所顾忌而肆意妄为，其后果实可怖矣。

孟子尝曰："尽其心者，知其性也。知其性，则知天矣。"（《孟子·尽心上》）性，何谓？人之性也。其后北宋二程论曰："在天为命，在义为理，在人为性，主于身为心，其实一也。"此处"义"作"意思、意义"解。《河南程氏遗书》程子尝曰："性即是理，理则自尧、舜至于涂人，一也。"故以理而言，无论圣如尧舜，还是普通百姓，都是人，一也。性则不然，孔子云"性相近"而非"一"，显然人性存在区别，否则无圣凡之分。此乃理与性之别。另外，有人问程子"理与义"的区别，程子答曰："在物为理，处物为义。"可见，在物为理，在人为性，人与物之别，明矣。

天地生万物，人在其中，若要了解物，明理即可，即所谓"物之理"也。知人，则至于知性，有性乃有情。昔者有言："人非草木，孰能无情？"可见，知人既需明理，亦需达情，是谓"通情达理"。合而言之曰性。故科学研究"物之理"，儒学则研究"人之性"，此其别也。

荀子尝曰："君子役物，小人役于物。"唯小人被外物所奴役，以至于化物，君子则主之。今人常以"人乃动物"作为自己放纵恣肆的借口，岂不知孟子早已言明："人之所以异于禽兽者几希，庶民去之，君子存之。"（《孟子·离娄下》）人与禽兽有异，君子存此，小人去之而已。既已自甘为禽兽，又何必混迹于人群？岂于"人面兽心""衣冠禽兽"之辞心存侥幸乎？

对此，或许有人质疑，现代人文与社会科学不也从事"人"学研究吗？儒学又何必多此一举？事实上，经济学、管理学领域的相关知识是建立在"理性人"基础之上的，试图从人性的不同角度来研究人的多重社会行为，从而构建专业的学术知识体系。儒学则是研究现实生活中的人，关注真正的、活生生的人，相比之下，无疑更加生动、丰满，从而具有真实意义与价值。

需要说明的是，受现代教育影响，今人所谓之"理"，往往与趋利避害的工具理性、真理、伦理、定理、物理有关，其背后都离不开逻辑。所谓合乎逻辑，即为合理。儒学则不然。传统中国人所明之"理"，唯有天理。俗谓"通情达理"，即既通人情，亦达天理，兼之也。偏则或以理灭情，俗谓"认死理"者也；或肆情害理，天理不容矣。故《诗经》毛序有言："故变风发乎情，止乎礼义。"其实，始谓"通情达礼"，终曰"通情达理"。

（三）人学真伪判断之反思

既然儒学是人学，与自然及社会科学截然不同，那么，若继续按照科学的学习方式来研究儒学，效果势必大打折扣，这就是当今传统文化学习势头日盛，而人们的学习层次却始终流于表面的根本原因——学习不得章法，当然难得其道。

同样，笔者最初几年一直沿用理科的逻辑思维习惯研究传统文化，试图找出其背后所蕴藏的规律或基本原理。之后虽然有一些发现，但与我们言必称"博大精深""意蕴悠长"的传统印象相距甚远，始终感觉如隔靴搔痒、雾里看花……

穷则变，变则通。当笔者意识到传统文化与现代科学并非同类知识体系时，研究开始转向，遂有了以下领悟：既然是人学，那么儒学不就是在研究我们自己吗？判断儒学观点或研究圣贤之道方式正确与否的最大资源不也正是我们自身吗？这也就意味着，判断、验证儒学最有效的途径，就是所谓的"以身体道"，学习者只要结合自身的人生经历、经验、情感、感受深入领会，终能有所领悟，进而判断相关观点的正误，体会圣贤之道。

三、儒学入门之法：以身证道

儒学即人学，其研究对象是人，其发现的应是关于人的普遍规律，即传统语境所谓的"人道"，人之道自然体现在我们每一个人的身上，即"你有、我有、大家都有"，所以人人均可以"以身证道"。

这就是学习与研究儒学的关键法门。

事物的普遍规律曰"物理",人的普遍规律曰"人性"(在物曰理,在人曰性)。故《中庸》开篇云:"天命之谓性,率性之谓道。"即天命之于人者(天赋予人),性也。循性而行者,道也。所以阳明先生有云:"圣人之道,吾性自足,不假外求。"什么意思?圣人尝曰:"性相近也,习相远也。"孔子言性、《中庸》言性、阳明言性,其实一也,皆天命于人之性。所谓圣人之道,即圣人之性也。因人性具备普遍性,即"性相近",所以人人皆有圣人之性,此乃儒学"人人皆可成圣"的逻辑基石。

研究与学习儒学,目的在于明白与掌握人道,即理解与洞察人性(亦可言天性与习性),因人皆具备相近之天性,故"以身证道"就包括两类:其一,自证,或内证于己(心);其二,外证于人,一旦内外同一,则符合所谓"真理的普遍而同一性规律"。

(一)儒学与科学的对比

请大家回想一下,当我们读专业书,或者在课堂上学习时,我们的学习态度是什么样的?是不是理智地、清醒地、洞若观火般地专注于书本上或老师所讲的知识点?是不是快速地开动头脑,梳理知识点之间的逻辑关系?归根到底就是一点:理解知识。当我们真正理解了,就会说:"我知道了。"

对比之下,当我们阅读精彩的文学作品时,我们的态度又是什么样的呢?是不是投入的、融入其中的、忘我的?是不是自身情绪跟随情节或主人翁一同起伏?是不是在以陪伴性的方式感受故事的发展与人物的命运?说到底,我们是在品味故事情节和人物性格,进而体会其中的一切。于是,我们说:"我有体会。"

很明显,儒家传统文化或儒学并非专业的科学知识体系,亦非文学作品,它属于一种独特的人学范畴。为此,我们有必要对科学与儒学的学习方式进行系统比较。具体可参阅表1—1。

表 1-1 科学与儒学学习方式的系统比较

	科学（物学）	儒学（人学）
知识对象	与自己无关的物	与自己同类之人
知识属性	纯粹理性	有限理性
学习态度	置身事外，冷眼旁观	融入其中，相互印证
学习工具	头脑—逻辑思维	心与脑—经验与逻辑
学习方法	理解为主，经验为辅	经验为主，理解为辅
知识验证	外证—实验观察、逻辑	内证为主—感受与经验 外证为辅—观察他人行为
学习主张	知道	得道
学习效用	未必用得上	能用于自身

通过表 1-1 我们可以发现：儒学不仅具备具体的科学性（逻辑与理性），而且还有实践性（经验与感受）的特点。为了让读者彻底掌握儒学的学习方法，我们有必要强调以下几点。

其一，内证于心。儒家研究的对象是人，即我们自己。这意味着，一方面，判断儒家经典观点的对错与否，完全可以根据自身实际，而不必一味迷信其他所谓经典解读；另一方面，关于经典解读的优劣，所依据的标准还是我们自己。只需将其与自己内心的感受和经验进行对比、印证，即可做出判断。

其二，经验为主。儒家传统文化除了理性的概念与结论，也有不少经验层面的内容。所谓圣贤之道，从某种程度上讲，多为先圣先贤的经验之论。因此，要想真正明白和理解他们的观点，必须将自身的经验感受与圣贤所言进行对照，这就是"内证法"。然后，厘清二者的相同与差异，再思考其中的原因，如此对经典的理解自然日益精进。

从传统文化的接受群体来看，当前，年轻人对传统文化的接受度明显不高，但我们也会发现，随着年岁的增长，越来越多的人开始认同传统文化理念。其实，从严格意义上讲，学习传统文化与年龄无关，但经验的丰富程度直接影响着人对传统文化的感受与理解，所谓"读万卷书，不如行万里路"，经验的价值可见一斑。

其三，得道非知道。学习儒家传统文化不能仅仅停留于"知道"，而必须要"得道"。所谓"得道"，即体悟了圣贤之道，就是内心切实地感受且认同了圣贤的观点。古人曰"自得于心"，其实就是内证于心，与所谓共振、认同是一回事。知道只是理解，而得道则是证实与认同。

试想，如果我们内心没有证实、认同圣贤的观点，又怎能轻易相信呢？若不相信，又怎会亲身实践呢？如今，很多人都在谈论传统文化，但能真正做到的却寥寥无几，因为他们只是"知道"，而并没有"得道"。

其四，融入其中。学习儒家文化忌讳始终冷眼旁观，而需要完全打开心扉，融入其中，去感受，去体会。只有这样，才能真正在情感、情绪等层面与古人产生共鸣，从而更准确地把握或理解古人观点背后的意蕴。值得注意的是，西方现有的知识体系是基于逻辑串联起来的，主要是做客观理性的探究，即使是人文、社科等关于人的领域，其研究方式也是片面的、理性的。因此，与中国传统知识体系往往采取的内证的、融入其中的、完整圆融的方式相比，差异巨大。

其五，外证于人。儒学既然是人学，那么，除自身外，我们还需要借助社会事件来观察或考察他人的行为，看其是否与传统之道相吻合，此乃"外证法"。所谓外证法，其实类似于自然科学的实验观察法，主要是观察和判断他人的行为。如果他人的行为反应、自身的经验都与传统经典中的观点相吻合，也就间接证明传统观点是正确的，具备一定的真理性。

总而言之，儒学的学习方法在于两相结合，不仅要将"经验"（心）与"理性"（脑）相结合，而且要将"内证于心"与"外证于人"相结合，唯有如此，才能体悟儒学之道。具体见图 1-1。

图 1-1　内证与外证、感性与理性之结合

（二）曾子得道之方，即阳明悟道之法

近年来，阳明心学备受社会大众的认可，然究其实，依然是传统儒学的延续，或者说是儒学新的表述方式而已。

众所周知，孔子弟子众多，然得其大道而传于后世者，当先属曾子（曾参）。《论语·里仁》曰：

> 子曰："参乎！吾道一以贯之。"曾子曰："唯。"
>
> 子出，门人问曰："何谓也？"曾子曰："夫子之道，忠恕而已矣。"①

由孔子与曾子之问答，可知曾子已得圣人之道。何以得道？从《传习录》可知。《传习录》曰：

> 先生曰："子夏笃信圣人，曾子反求诸己。笃信固亦是，然不如反求之切。今既不得于心，安可狃于旧闻，不求是当？就如朱子，亦尊信程子。至其不得于心处，亦何尝苟从？"②

阳明在回答弟子徐爱之问时，阐述了儒学的两种学习方法。其一，以子夏为代表的"笃信权威之守成学习法"：在子夏看来，圣人孔子所言皆是，故尊而信之，亦步亦趋，沿袭守成而已。其二，以曾子为代表的"反求诸己之内证学习法"：对于曾子而言，圣人言人道，皆可反求自身，相互印证，若圣人之论与自身相合，则信之；若不合，则存疑。

同时，阳明也提及朱子（朱熹，南宋理学大家）即使尊信程子（程颐，北宋理学宗师），若不得于心（内证于心），亦不敢苟且跟从。

---

① 杨伯峻：《论语译注》，中华书局，2006 年，第 42 页。
② 〔明〕王夫之：《传习录》，张怀承注译，岳麓书社，2004 年，第 13 页。

可见，阳明已经掌握了曾子得道之方。《论语·学而》曰：

> 曾子曰："吾日三省吾身：为人谋而不忠乎？与朋友交而不信乎？传不习乎？"[①]

所谓反求诸己者，即反省、反思，指反思己行、体察己心。曾子所言"传不习乎"该作何理解呢？程子解曰："不习而传与人，亦是不忠信者。"这意味着对于传统的传道授业之人而言，所传者，皆人之道也，如果不亲身践行和实习所传授的内容，进行"内证于己"的验证，那么很有可能将道听途说而荒诞不经的内容传与学生，这无疑有违师道。此乃曾子"传道"（传）之前必先"证道"（习）的缘由，也是阳明心学所倡导"知行合一"的内在逻辑。更是阳明心学经典《传习录》命名之由来。

很显然，在《论语》开篇孔子云："学而时习之，不亦说乎？"其中，"学"就是老师"传道"而学生"接受知识"的过程，"知"而已。而"习"则是老师传道之前的"证道"，更是学生"学"之后的践行环节。学生只有经过身体力行的"自证于己"环节，获得"自得于心"（内证法）的验证结果，才会发现自己"得道"了——不仅理解了，更体会到了，内心自然会升腾起喜悦之情。可见，《论语》开篇已经蕴含了儒学之法——以身证道。

传说，在龙场悟道之前，王阳明曾有过七天七夜"格竹子"而徒劳无所得之举，何以如此？《大学》尝云："致知在格物。"阳明不达，遂格竹子，以为格此物而可知道，却不知儒学与科学有别。儒学研究人，科学研究物，人与物不同类，岂能静坐、目视而心知之？简言之，阳明试图用儒学之法来解决科学问题，自然徒劳无功。

龙场悟道后，阳明始悟，圣人之道皆人之道，而非物之理，故叹曰："圣人之道，吾性自足，向之求理于事物，误也。"又曰："吾性

[①] 杨伯峻：《论语译注》，中华书局，2006年，第3~4页。

自足，不假外求。"不外求，即"内求于心，反求诸己"之法。

既明人之道乃人之性，亦明人之性实为人之心，则孟子所谓"尽其心，知其性，则知其天"（心、性、天、道、理，一也），即"心即理"之门径，心学遂昌。故纵观儒学、理学、心学之流变，皆心性之说，唯人学耳。

第二节 儒学心法，非"诚"不入

行文至此，为了让读者真正体会到、感受到传统文化的奥秘，学会以"内证法"来实证圣贤之道，以便于领会"自得于心"（得道）时的内心冲击及觉悟后的喜悦等诸感受，从而自觉运用传统知识与智慧来提升人生品质，笔者尽量以授课模式展开论述，希望大家跟我一起思考，重新认识儒学（中国传统文化）的本质。

诸位，准备好了吗？

一、诚者，儒学心法之要也

众所周知，儒家倡导"修身、齐家、治国、平天下"等积极入世思想，那么不禁要问：修身从哪里入手？儒学的入门之道是什么？儒学研究的关键又是什么呢？

修身之门，入德之基，治学之要，无非诚也。古之学者，其圣贤之望，亦返诚而已矣。故北宋理学宗师周敦颐尝论诚如此。周子《通书·诚下》云：

> 圣，诚而已矣。诚，五常之本，百行之源也。静无而动有，至正而明达也。五常百行，非诚，非也，邪暗，塞也，故诚则无事矣。至易而行难，果而确，无难焉。故曰："一日克己复礼，天下归仁焉。"①

---

① 李敖：《周子通书·张载集·二程集》，天津古籍出版社，2017年，第5页。

圣人，诚而已矣。那么，"诚"究竟是什么呢？

《大学》有云："所谓诚其意者，毋自欺也。如恶恶臭，如好好色，此之谓自慊。"意思是说，人不要欺骗自己，心里有什么，就表达什么。心口不二，此乃"诚"。故体诚而行者，不违其心，直道而行，自然不说空话、只干实事，自然也就明白了诚实正直之本义。

《中庸》有云："诚者，天之道也；诚之者，人之道也。"《孟子·离娄上》亦云："是故诚者，天之道也；思诚者，人之道也。"众所周知，先秦儒学有八大分支，而流传于后世者，思孟之儒也。在儒学看来，诚，乃人皆有之、生而有之的天性。只要对身边婴幼儿的言行稍加考察，便不难发现：人生而真诚。因此可以肯定地说："诚者，天成也。"

既然人的天性是真诚的，为何有时会不真诚呢？其实原因很简单，人的行为并非完全由天性支配，还受到后天习性的影响，在今天所谓"趋利避害"或"功利理性"风气的影响下，如果不真诚对自己"有利而无害"，真诚就会被抛弃或搁置一旁，此乃所谓"天性被习性或理性所遮蔽（或泯灭）也"。可见，始终保持一颗"至诚无欺之心"实属不易。

现在我们再回到如何学习儒家文化的问题上来。我们学习的目的在于了解与探寻"人的基本规律"（人之道），而所谓"人之道"，即"人之性"，"人之性"则包括先天的天性与后天的习性两部分。因此，要想了解人的天性部分，不真诚，何以明？《中庸》有云：

> 自诚明，谓之性；自明诚，谓之教。诚则明矣；明则诚矣。[①]

> 唯天下至诚，为能尽其性；能尽其性，则能尽人之性；能尽人之性，则能尽物之性；能尽物之性，则可以赞天地之化育；可

[①] 〔宋〕朱熹：《四书章句集注》，中华书局，1983年，第32页。

以赞天地之化育，则可以与天地参矣。①

"自诚明，谓之性。"什么意思？诚者，不自欺也；明者，自知也。俗语有云："人贵有自知之明。"《道德经·三十三章》云："自知者明。"合而观之，只要人真诚，自然就有"自知之明"，明白人与生俱来、天性使然的本能，这与后天教育和习惯无关。此即所谓"自诚明，谓之性"。

那么，怎么理解"唯天下至诚，为能尽其性；能尽其性，则能尽人之性"呢？所谓至诚者，就是完全依照天性而不受习性影响之人，只有这样的人，才能彻底明白上天赋予自己的天性究竟是什么，即"知其性"。这就是"自知之明"者。又因为人性具备"普遍同一性"（相似性、相近性）的特点，所以《道德经》云："知人者智，自知者明。"意味着人唯自知，而后始能知人，即所谓"能尽其性（自知），则能尽人之性（知人）"。

这个过程中蕴藏着一个儒学的奥秘，具体如图1-2所示。

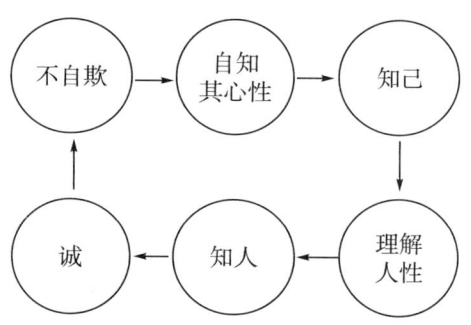

图1-2　儒学心法逻辑链示意

很显然，诚意，儒学之要也。学者若不诚，何以入其门？

二、孔子人性论，儒学之基也

儒学即人学。儒学之旨，明人道也。人道何谓？人性也。

---

① 〔宋〕朱熹：《四书章句集注》，中华书局，1983年，第33页。

儒学是如何看待人性的呢？今人或说孟子"人性善"论，或云荀子所言"人性恶"，究竟孰是孰非？其实在历史上，关于人性善恶多有争论，但无论如何，孔子的人性论始终是公认的儒学根基。

孔子虽罕言人性，但史传有二：其一，《论语》载孔子"性相近也，习相远也"之论；其二，西汉贾谊著《新书》载夫子"少成若天性，习惯成自然"之论。仅凭二言，今人当知圣人孔子认为人性包括"与生俱来的天性"（性）和"后天习得的习性"（习）两部分。天性者，人之所以为人也。故天性人相近（同），习性则因人、因地、因教而相远（异），而习性久而久之、潜移默化地便成为习以为常的"类天性"（若天性）。

作为儒学的创始人，孔子提出的人性论无疑是儒家文化的第一基石。无论是先秦儒家的"仁、义、礼、智、信"，还是后世两宋理学的"天理"，抑或明代心学等理论体系的构建，离了"性相近"这一前提，都将成为空中楼阁。

事实上，我在课堂上提及孔子人性论时，知"性相近也，习相远也"之言者众，但当我继续追问以下两个问题时，做出肯定回应者，寡矣。

其一，你是否坚信孔子的人性论具备一定的真理性，即反映了人性普遍的客观规律？

其二，在日常生活或工作中，你是否能真正将孔子的人性论应用于自身？

针对这两个问题举手回应者寥寥无几，这意味着今人对传统文化大多只能做到"口能言之"的程度，却无法真正落到"身能行之"的实处。

究其根本，原因恐怕在于世人"不相信"儒家文化，没有掌握学习、研究、验证儒家文化真理性的方式与心法，内心对传统文化缺乏坚实的信任，既如此，又何谈躬身践行呢？

前文已阐述，儒学验证的方式——"以身证道"包含"内证于

己"与"外证于人"两种实证方法;验证儒学的关键心法或态度就是诚。只要读者秉承真诚的心态,结合"圣人之言"(即圣贤之道),仔细审视关于自己过往思想、言行的记忆与感受,将内心的相关经验与圣贤之言进行相互印证,就能"内证于心"了。

因此,朱子尝曰:"凡看《语》《孟》,且须熟读玩味,将圣人之言语切己,不可只作一场话说。"什么叫"切己"?就是将《论语》与《孟子》中的话与自己的内心进行对照,思考其异同,这就是所谓"反求诸己"的"内证法"。

值得注意的是,践行"内证于心"的实证法时,若自己的内心与圣人之言相同,则可知圣人之言确实反映了人性的普遍性;而若内心与圣人之言相异,其原因可能有二:其一,反映了人性的特殊性(个体差异性,即个性,毕竟人与人之间存在差异性);其二,有可能反映了人的习性之别(即所谓"习相远"也)。

那么,究竟该如何实证呢?

三、实证儒学,从"心"开始

既然孔子人性论乃儒学第一前提,那么如果孔子的人性论是错误的,便意味着儒学体系整体上是有问题的,我们可以质疑她;反之,如果人性论反映了客观事实,那么,儒学就有了坚实的基础,我们就必须重新正视她,辩证地对待她。

(一)参照系:科学思维的学习法

相信大家都有课堂学习的经历。对于现代科学知识的学习,学生在听课时,通常会运用逻辑思维来理解老师所讲述的内容,如果老师所讲内容前后相符(能自圆其说,又叫逻辑自洽),我们基本上便能理解它、接受它;如果老师所讲内容前后矛盾,我们便会怀疑它、质疑它。

若按照科学知识的学习方式,仅从逻辑角度来理解,可以将孔子的人性观简单理解为"人性生来是相近、相似的,只因后天的习惯使然而导致日益相远相异"。但问题在于，理解之后，我们是否能将其应用于自身的生活与工作中呢？

我见过不少对传统经典诵背如流者，但很少见到真正将圣贤观点应用于自身的人。若如此，我们学习传统文化就失去了真正的意义。传统文化不像西学那样只是为了知识和真理，而是为了"经世致用"，儒家学问更是如此。

（二）回应问题，践行儒学心法

让我们结合自身的经历、回忆和感受，积极融入课堂，深入印证传统经典，体悟生而为人之道吧。

重新学习和实证圣人"性相近也"之论时，我经常会问学生三个问题，现在也请读者诸君扪心自问，真诚回应，勿自欺也！

问题一：自出生而有记忆以来，在过往的人生岁月中，从来没有产生过"邪念"的同学，请举手！

结果怎样？教室里一片沉寂。或许会有人问，究竟什么是"邪念"？如果没有一个确定的标准，我又该如何判断自己的意念是正是邪呢？是的，在这个理性时代，一切皆有可衡量的标准。而真正的问题在于，标准究竟该如何制定呢？

在课堂上，我随手拿起一个喝水的纸杯，问大家："诸位，有谁能告诉我我手里拿着什么？"同学们看着，有人给出了自己的答案："纸杯。"在思考的过程中，我们可能会发现，要对事物下一个精确的定义，其实没有想象中那么简单。所以我继续引导大家："不一定吧，从不同角度看这个东西，可能会得出不同的定义。"从形状角度看，它是由一个圆锥体切面构成的"部分圆锥体"；从材质角度看，它是纸；而从功能角度看，它又是一个容器……

当然，还有很多角度，但这已经不重要了。重要的是，经过这一提醒，同学们已经将思维方式从自身的习惯性角度或个人偏好中抽离出来。如此也就理解了一点：为何在日常生活中，人们的观点总是莫衷一是？这首先是角度和立场不一所导致的。没有绝对正确的定义，只有角度不同的说法而已。为此，人与人之间要想和谐相处，必须建立有共识性的角度，这也是本书的写作宗旨之一：建立文化共识。

其实，在课堂上，我直截了当地说了一句："诸位，只要你够真诚，答案就在你心里。不是吗？"

话题再回到开始。何谓"邪"？

从传统角度来看，不正则邪。正与邪的区别在于是否合乎规矩——礼。合礼则正，违礼则邪。

何谓"念"？

念者，心之所生也，又称"心念、意念"。故曰：念者，意也。

进一步追问，"意"又是什么呢？心之倾向或指向，故有"意向""意欲何为"之说。可见，从某种程度上讲，意者，情也、欲也。情欲之意，人皆有之，有违世俗之礼节，便可称为"邪念"。

一言以蔽之，要想杜绝邪念，唯有"知分"，进而"守分、安分"，这就是传统儒家学派倡导"克己复礼"（修身）之缘由。

诸位读者，看到这里，不知道您的内心是否有所触动。其实当课堂上无一人举手时，便已经映射了"性相近"内外交相实证之事实，孔子这一论断无疑具备真理性。

问题二：若真有人坚持自己从未动过"邪念"，那么，他可能是什么样的人呢？

有人说是"圣人"，或说"骗子""傻瓜"，或说"小孩"，等等。

对于婴孩而言，所谓"天真之婴孩""赤子之心"，自然意味着"真诚与纯洁"，故不赘述。至于愚者，圣人尝有"下愚不移其性"之论，故无以邪。

至于欺人者，即所谓"自欺欺人"。首先自欺，而后欺人。《中庸》有云："诚者自成。"何谓？诚实是由人自己决定的。虚伪之人亦如此。故曰：诚者自成，伪者自为。

诚伪由己，非由他人也。孔子曰："三军可夺帅也，匹夫不可夺志也。"（《论语·子罕》）人的意志是自由的，每一个人的意志都由自己主宰，身体或被外物控制，但意志依然自主。所以，读者诸君若能反躬自问，相信邪念日损矣。

在理性日盛的今天，传统文化要想真正回归，作为中华文明或传统文化标志性符号的圣人也必须经受质疑与考验。

问题三：诸位，在理性时代，一切皆可大胆质疑，但须小心求证。请问，圣人如孔子者，一生中可曾有过邪念？

课堂上，有人说：只要我们足够诚实，那么扪心自问便知，又有何人不曾有过邪念？圣人也不例外！对此，也有人反驳：你只能代表你自己，圣人心中是否有过邪念，你怎会清楚？

面对此争执之声，我请同学们（诸位读者）正视一个基本事实："性相近"乃圣人孔子所揭示的人性规律（人之道），这就意味着：孔子已然看到自己与他人共通之处。言下之意，人性无例外，你有，我有，他有，圣人岂独无？

事实上，关于人心能否互通这一点，早在先秦时期庄子即有讨论。《庄子·秋水》云：

> 庄子与惠子游于濠梁之上。庄子曰："鲦鱼出游从容，是鱼之乐也。"惠子曰："子非鱼，安知鱼之乐？"庄子曰："子非我，安知我不知鱼之乐？"惠子曰："我非子，固不知子矣；子固非鱼也，子之不知鱼之乐，全矣。"庄子曰："请循其本。子曰'汝安知鱼之乐'云者，既已知吾知之而问我。我知之濠上也。"[①]

惠子对庄子的质问，其实与当今的逻辑推理相合。但有一点，惠子之问与笔者之问的前提条件是不同的。人与鱼，异类也，诚难相知也。但亚圣孟子尝曰："圣人与我同类。"这意味着你、我与圣人皆同为人。在同一范畴里，我们可以进行逻辑推理：同类者，必有同理之所在也。可见，无论是以身证道，还是逻辑推证，孔子"性相近"之

---

① 〔清〕郭庆藩：《庄子集释》，王孝鱼点校，2012年，第606~607页。

论无疑为儒学奠定了真理的根基。

或许有人说，以逻辑推论圣人有邪念，无疑是亵渎圣人之举。其实不然，诚圣人自述之也。孔子尝有言曰："吾十有五志于学，三十而立，四十而不惑，五十而知天命，六十而耳顺，七十而从心所欲，不逾矩。"（《论语·为政》）何谓也？孔子克己复礼、修身不息、精进不止，故到70岁时，随心所欲而皆合规矩，无丝毫邪念，可谓至矣！故反言之，自此之前，恐未必矣，此其证也。

其实，俗有"论心不论迹，世上无完人"之论。因事、因境、因惑而滋生邪念，人之常情也，孰能无哉？邪念并不可怕，若知邪念而能正之、止之，依然不失为良善之辈。助长邪念而成邪行，方为邪恶之徒也。可见，一念一行之择，善恶分矣。

圣人之所以为圣者，以其事迹、功德也。夫子传承、弘扬中华文明之功，大哉！故昔世赞孔子尝有"天不生仲尼，万古如长夜"之叹。生而为人，孔子与我同类，性相近矣！人皆可为圣矣！子已先之，今吾之辈，将如之何？

基于此，我们有必要再次重申学习心法：

- 儒学即人学，我们就是人，故儒学之方即研究我们自身；
- 认识自己，即反求诸己，是向内心看，而非往外看；
- 诚意则不自欺，是以自知，是故诚者，儒学入门之要也。

第三节 如何应用儒学知识

儒学知识、儒家智慧，有何区别呢？

儒家智慧，是儒家代表人物诸如孔子、曾子、孟子等人发现的"关于人的普遍规律"，中国称之为"圣人之道"，西方称之为"某某发现的规律"。

何谓知识？希腊哲学家巴门尼德曾将人们对世界事物的认识分为"真理"与"意见"两类。知识属于真理，属于普遍性的存在；而意见,则往往是一己之见。

在传统文化语境下,"性相近"是圣人之道,属于儒家智慧。但站在现代知识或规律发现者的角度来讲,"性相近"是真理,是儒学体系的核心知识点。此二者,其实一也。

知识即真理,儒学知识是中国儒者所发现的普遍真理,是历代贤哲们为人类知识所做出的伟大贡献。西方的科学真理虽与己有关,但应用并不多;而儒学真理则是研究人,事关你我,皆可用之。问题在于,何以应用?

为此,让我先结合"性相近"知识的相关个案,一起破疑吧。

一、如何将儒学用于自身?

在现实中,只有真诚正视人性本质,方能进行有效的自我管理,而不至于失于过、至于罪。《孟子·梁惠王下》曰:

> 齐宣王问曰:"人皆谓我毁明堂,毁诸?已乎?"孟子对曰:"夫明堂者,王者之堂也。王欲行王政,则勿毁之矣。"
>
> 王曰:"王政可得闻与?"
>
> 对曰:"昔者文王之治岐也,耕者九一,仕者世禄,关市讥而不征,泽梁无禁,罪人不孥。老而无妻曰鳏,老而无夫曰寡,老而无子曰独,幼而无父曰孤。此四者,天下之穷民而无告者。文王发政施仁,必先斯四者。诗云,'哿矣富人,哀此茕独'。"
>
> 王曰:"善哉言乎!"
>
> 曰:"王如善之,则何为不行?"
>
> 王曰:"寡人有疾,寡人好货。"
>
> 对曰:"昔者公刘好货,诗云:'乃积乃仓,乃裹糇粮,于橐于囊,思戢用光。弓矢斯张,干戈戚扬,爰方启行。'故居者有积仓,行者有裹粮也,然后可以爰方启行。王如好货,与百姓同之,于王何有?"
>
> 王曰:"寡人有疾,寡人好色。"

对曰："昔者大王好色，爱厥妃。诗云：'古公亶父，来朝走马，率西水浒，至于岐下，爰及姜女，聿来胥宇。'当是时也，内无怨女，外无旷夫。王如好色，与百姓同之，于王何有？"①

孟子劝齐宣王推行王道，齐宣王借故推脱，言："寡人有疾，寡人好色。"面对这一情形，孟子是怎么说的呢？有所好很正常，与王道无违，只要与民同之，做到"内无怨女，外无旷夫"即可。

事实上，齐宣王能正视自身诸疾，可谓诚矣！为何人们鄙视那些装腔作势、矫揉造作、遮遮掩掩之行？以其不诚之故也。人之行，虚之伪之，焉能自然？其别扭，不亦宜乎？儒学所揭示的"性相近"之道让伪装失去意义，故《大学》有言："小人闲居为不善，无所不至。见君子而后厌然，掩其不善而著其善。人之视己，如见其肺肝然，则何益矣。此谓诚于中，形于外。故君子必诚其意。"

诸位，君子必诚其意，当我们真的反身而诚，不伪装、不扮演了，心里就释然了，久而久之，也就摘下了自己的面具，言行、表里逐渐合一，也更贴近圣人所谓"君子坦荡荡"的状态。此时，整个人就会身心和顺，通畅健康，自身的气质也会发生改变，天长日久，就会形成一种堂堂正正、坦坦荡荡的气场。

可见，身心健康，就是儒学知识的应用价值之一。

二、如何将儒学用于人际

相信内证过"性相近"者，一定对民间所谓"将心比心"有着深刻的认同。之所以要将心比心，是因为人与人之间有"共性"存在。比心者，比其同也，即所谓"同理心"。民谚曰"人同此心，心同此理"，以此。人性、共性与个性之间的关系具体如图1-3所示。

---

① 杨伯峻：《孟子译注》，中华书局，1960年，第36～37页。

图 1-3　儒学之人性、共性与个性的关系

人性有二，其一共性，其二个性。共性，何谓也？是人之所以为人的普遍属性。至于个性，则是指个体间的具体差异。

"仁"是儒学的核心概念，其所提倡的"己所不欲，勿施于人"之所以得到全世界的认同，是因为它是建立在坚实的"性相近"的客观事实基础之上的。如果"性相近"不是人性之本然，那么反映"人之道"的儒学就不会在中国传承数千载。如果"性相近"不成立，"将心比心"也不可能行得通。

可见，合乎人性的乃为正道，方可长久。故《中庸》曰："道也者，不可须臾离也。可离非道也。"

那么，"性相近"究竟意味着什么呢？要知人，先知己。具体如图 1-4 所示。

图 1-4　知人先知己，正人先正己

反之也成立，若要知己，亦需先知人。有了共性的存在，人与人之间便能两相参照，如此则一切了然。

三、如何用儒学指导人生？

试问我们的理想是什么？我们的人生态度又是什么呢？依照儒家传统的价值观念，慎思与明辨，或许就知道自己真正的人生选择了。《论语·里仁》曰：

子曰:"见贤思齐焉,见不贤而内自省也。"①

相信不少个性十足的读者看到这一观点,可能会很反感。也许有人会说:"贤与不贤,与我何干?别人是别人,我是我,干吗要扯到一起?每个人都有自己的生活方式,没必要相互比较。"

是的,从人的个性层面上看,人与人之间的比较似乎没有太大的意义,反而容易使人生出许多落差、紧张、挫败感与人生烦恼。但实际上,这些只是问题的表面,其内在还有真正的、不容忽视的价值意义。

从共性层面上讲,"贤者""我""不贤者"貌似是独立的个体,但其实都具有一定的共性。既然"性相近","我"若停滞不前,难免心生愧疚,则必生"思齐"之心。"我"与贤者、不贤者之关系具体如图1-5所示。

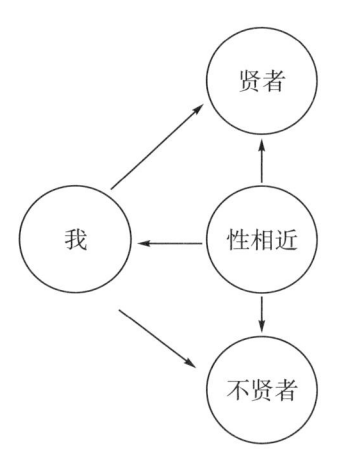

图1-5 "我"与贤者、不贤者之关系

在传统中国,人有两大耻辱:其一,耻于非人,有人之形,或责之以"非人哉",或名之以"禽兽",不亦耻乎?其二,耻于不如人。因此,见贤者,自觉己不如之,知耻而后勇,是以思而齐之,此乃传统社会前进的内在动力——荣辱(耻)观。故《孟子·尽心上》曰:

---

① 杨伯峻:《论语译注》,中华书局,2006年,第43页。

"不耻不若人，何若人有？"不如别人却不引以为耻，那怎么能赶上别人呢？对此，或许有人说，贤者并非所有人能为，与人的禀赋有关，所以没有必要人人皆学贤者。对于这一问题，孟子早已作答。《孟子·梁惠王上》曰：

"今恩足以及禽兽，而功不至于百姓者，独何与？然则一羽之不举，为不用力焉；舆薪之不见，为不用明焉；百姓之不见保，为不用恩焉。故王之不王，不为也，非不能也。"

曰："不为者与不能者之形何以异？"

曰："挟太山以超北海，语人曰，'我不能'，是诚不能也。为长者折枝，语人曰，'我不能'，是不为也，非不能也。故王之不王，非挟太山以超北海之类也；王之不王，是折枝之类也。

"老吾老，以及人之老；幼吾幼，以及人之幼。天下可运于掌。《诗》云，'刑于寡妻，至于兄弟，以御于家邦'。言举斯心加诸彼而已。故推恩足以保四海，不推恩无以保妻子。古之人所以大过人者，无他焉，善推其所为而已矣。今恩足以及禽兽，而功不至于百姓者，独何与？

"权，然后知轻重；度，然后知长短。物皆然，心为甚。王请度之！

"抑王兴甲兵，危士臣，构怨于诸侯，然后快于心与？"①

面对孟子"推行王道"的劝勉，齐宣王却借口自己"能力不足"而试图逃避。对此孟子认为，齐宣王的真正问题在于态度而非能力，并指出："王之不王，不为也，非不能也。"齐宣王乃问"为"与"能"的差别是什么，孟子予以相应的回答。

什么是能力问题？孟子说，用胳膊夹着泰山跳过渤海湾，告诉别人自己难以做到，这是真的"不能"；而为长辈折树枝做拐杖，能力

---

① 杨伯峻：《孟子译注》，中华书局，1960年，第15~16页。

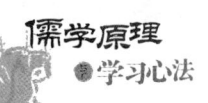

上没有任何问题而对别人说自己做不到,则是态度问题。人生当中的借口,大多数不是能力问题,而是态度问题。

那么,儒家所追求的人生态度是怎样的呢?人要勇猛精进、修身立业,不虚度、不枉费,尽全力做最好的自己。即使没有很大的成就,毕竟尽心尽力奋斗过了,自己也无怨无悔。

何为尽心?朱子解:尽心曰忠。就是一种尽心竭力、全心全意的精神状态。诸位读者,如果我们都没有去试过,没有全心全意地努力过、奋斗过,怎能叫尽心呢?不尽心去奋斗,又怎能了解自己的潜能究竟有多大,知道自己的能力边界在哪里呢?

古往今来,成功之人少有一帆风顺者,更多的是经历了无数次不足为外人道的挫折和不被世人理解的寂寞苦痛与精神煎熬,但这些,恰恰最大限度地激发了他们的潜能,使他们得以成就自己的人生。《孟子·告子下》曰:

> 孟子曰:"舜发于畎亩之中,傅说举于版筑之间,胶鬲举于鱼盐之中,管夷吾举于士,孙叔敖举于海,百里奚举于市。故天将降大任于是人也,必先苦其心志,劳其筋骨,饿其体肤,空乏其身,行拂乱其所为,所以动心忍性,曾益其所不能。人恒过,然后能改;困于心,衡于虑,而后作;征于色,发于声,而后喻。入则无法家拂士,出则无敌国外患者,国恒亡。然后知生于忧患而死于安乐也。"①

欲成大事者,一定经受了诸如苦、劳、饿、乏等煎熬与磨难,不断增加己"所不能",进而不断扩宽自己的能力边界,这就是尽心尽力。在这一奋斗过程中,我们需要战胜自己的怯懦与恐惧,忍受常人难以忍受的痛苦,此即"动心忍性",而所以增长自强精神。

何谓强?老子曾曰:"胜己者强。"战胜自己具体是指什么?战胜

---

① 杨伯峻:《孟子译注》,中华书局,1960年,第298页。

自己的好逸恶劳之心,战胜自己的借口与恐惧。诸位,每做一件事时,我们都可以问问自己,我们尽心了吗?我们是否以能力不足为借口而放弃了拼搏与奋斗呢?如果是这样,那么,就是自弃,而非自强!而《周易·乾·象》曰:"天行健,君子以自强不息。"世人皆知"天道酬勤",岂不闻天道亦"酬强"乎?以此。

最终,只有自强不息、坚忍不拔者,才能成就自己的人生辉煌。故孟子说:"生于忧患,死于安乐。"试想,不经忧患,何来辉煌?贪图享乐者,终究与大事无缘。

既然要拼搏,要奋斗,要成就自己的辉煌,就不得不提到理想。关于理想,儒家的说法是立志。人活着,就是不断实现自己所立之志的过程。志有大小,有鸿鹄之志,也有所谓燕雀之心,然而无论如何,它都象征着我们的人生理想与价值。一个人只有忠于自己的人生理想,勇敢追求,才有可能实现自身生命的终极意义,因为"有志者,事竟成"。

当然,有些理想一时间难以实现,这时便需要有榜样作为参考,从而激励我们不断前进,使我们深刻地认识到,原来我们可以更好!这也是见贤思齐的真正意义。从人的共性出发,努力做到见贤思齐,也可以使我们的人生志向更为高远。

在追求志向的过程中,必须有勇猛精进、自强不息、坚忍不拔的奋斗精神,此之谓尽心、尽人事。如果该做的都做了,最终依然不济,则"从吾所好",听天命矣。具体如图1-6所示。

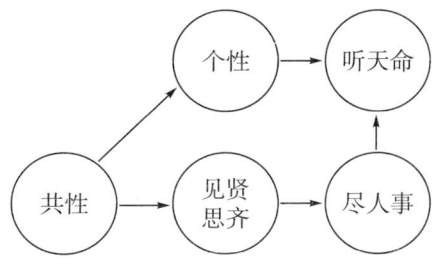

图1-6 能见贤思齐者,尽人事者也

综上可知,"见贤思齐焉,见不贤而内自省也",其中蕴藏着一个极为顺当、明智的学习方法:人人皆可为吾师也。《论语·述而》云:

> 子曰:"三人行,必有我师焉。择其善者而从之,其不善者而改之。"①

孔子口中的三人究竟是谁,对于这一点,释者纷纭。笔者以为,"见贤思齐"一章中的"贤者""我""不贤者",正与此处三人相符。贤者,善者也,见贤思齐,所以"择其善者而从之";不贤者,不善者也,于我而言,正要"其不善者而改之"。历史上有"以人为镜,可以明得失"之劝,正是以人为师之义。民间也有"学人好,别学人坏"的说法,恐皆自此而来也。

诸位,无需铺陈赘述,若诚能践行儒家智慧,切勿以个性为借口,勿虚度,毋自弃,勇猛精进,见贤思齐,成就自己,也就不枉此生矣。

---

① 杨伯峻:《论语译注》,中华书局,2006年,第82页。

或问：入道之门，何谓？

应之曰：非诚不入也。诚者，立德之基也。

昔程子曰：修辞立其诚，不可不仔细理会。

亦曰：道之浩浩，何处下手？

惟立诚才有可居之处。有可居之处，则可以修业也。

何以明？

诚者，天之道也；诚之者，人之道也。

耳有子论曰：夫诚者，心则体天，虑则无妄，言则真，行则直，皆率其性也，合道矣。

故曰：道则无伪，无妄之诚。

——《耳有子·明儒·诚论》

昔周子尝曰：诚者，圣人之本。何谓？

应之曰：圣人合天行，以其诚也。

昔子思子曰：诚者，天之道；诚之者，人之道。

亦曰：诚者，不勉而中，不思而得，从容中道，圣人也。

故周子解曰：性焉安焉之谓圣，实言圣人天性至诚，不移也。

子曰：性相近也，习相远也。惟上知与下愚不移。

何谓？

上智者，圣也；不移者，性也。

朱子曰：性者，理也。

以是观之，理、性、诚，一也。

——《耳有子·明儒·诚论》

或问：天人合一，何所由之也？

应之曰：儒道所论不同，其归则一也。

昔张子曰：儒者则因明致诚，因诚致明，故天人合一。致学而可以成圣，得天而未始遗人，易所谓不遗、不流、不过者也。

或问：何谓邪？

耳有子曰：欲天人合一，所由者，二焉。

诚者，天之道也。

生而知之者，诚而体其性，是以明，故安其性与天为一；

学而知之者，尽心而明理，明理而知天，知天而体性，是以诚，故复其性与天为一。

故周子曰：性焉安焉之谓圣，执焉复焉之谓贤。天人合一之谓也。

耳有子曰：诚者安其性，明者复其性，诚而明，明而诚，圣贤矣。

——《耳有子·明儒·诚论》

周子亦曰：诚，无为。何谓？

应之曰：无为者，无人为也，无妄为也，皆顺其自然而为之也，实率性而为。

子思子曰：天命之谓性，率性之谓道。

故率性而为者，循道而为也。

夫性，诚也，自然而然也。

故诚者,顺其自然而无伪,率性直行而无作,是以人皆感之,久则化之,皆归于诚也。

故子思子曰:惟天下之至诚惟能化,此之谓也。

耳有子曰:老子言"处无为之事,行不言之教",欲为上者诚以行之,化流天下矣。

故曰:诚者,化之本也。

——《耳有子·明儒·诚论》

或问:《中庸》曰"诚则形,形则著,著则明,明则动,动则变,变则化",何谓?

昔周子曰:至诚则动。

朱子解曰:至诚者,实理之自然。

合而言之,耳有子曰:夫理,道也;道者,自然也。

自然者,真也,诚也,实也。

故至诚者,则形于外,是以著而明。明则人见其理。

夫人之情,虽不欲从人,然理固然,是以动其心,变而化其情也。

故"明则动,动则变,变则化",言理动人心,变而化其情,终服之也。

故《中庸》云"惟天下之至诚为能化",服理之谓也。

——《耳有子·明儒·诚论》

或问:何以观诚?

昔程子曰:视、听、思、虑、动、作,皆天也。人但于

其中要识得真与妄尔。

何谓？人生于天，其行之初，皆率其性而已。

譬如，俗云孩童天真，其视听思虑动作，先感之，而后应之，皆率其良能耳，故无不诚焉。

故中庸曰"诚者，天之道也"。此之谓也。

耳有子曰：天无不诚，赤子亦诚，然人有不诚，何也？以其妄尔。

无其感而有其应者，妄也，意而已。

意者，心之私虑也，是以意而后欲焉，欲亦私。

人欲成其私，是以伪兴焉，诚反衰矣。

故曰：性则诚，欲生伪，此之谓也。

——《耳有子·明儒·诚论》

象山先生曰："人性本善，其有不善者迁于物也。知物之为害而能自反，则知善者乃吾心之固有。"

问：何谓邪？

应之曰：人性本善者，其心固有善念矣。

故陆子之论性，实心也，心性本一也。

耳有子论曰：心有阴阳，性有其向也。

阴阳者，正邪也，善恶也，勇怯也，兼有之矣。

阴阳虽以时变，然其向则可知矣。

或问：向者，何谓？

答曰：夫人之性，莫不好善恶恶，好正恶邪，好勇恶怯，乃其向也。

故以阴阳论之，不以善恶定其性也；以向言之，性无不善矣。

故论曰：人性善，向之谓也。

——《耳有子·明儒·性论》

或问：命之于性，何谓？

答之曰：性而命，非命而性也。

昔张子曰：命禀同于性，遇乃适然焉。行同报异，犹难语命，可以言遇。

何谓？

命者，禀性者也。世俗所谓命运者，实"命禀性，运承遇"，不可混之也。

耳有子曰：命者，性也，由乎天也，是故名之"性命、天命"，

天者，理也。是故知命者，养其性而安之，知其化而循之，自然而已。

张子所谓"行同报异"者，其行非必由性，或由其欲，或逞其情，人而弗天，岂可言命哉？

其所行者虽同，其所由之者则异，循性则命之，由欲则运之，不亦可乎？

故曰：由天禀性而循理，知命之谓也。

——《耳有子·人书·命论》

或问：俗云"尽人事，听天命"，何以明？

昔程子曰：人之于患难，只有一个处置：尽人谋之后，却须泰然处之。

有人遇一事，则心心念念不肯舍，毕竟何益？

若不会处置了放下，便是"无义无命"也。

诚明哉！

耳有子曰：夫事之成，有三焉。

一曰事逢其时，天时之谓，俗谓运、遇也；

二曰事有其理，俗云"得道"也；

三曰事须其人，俗云"得人、人和"也。

是故人欲事致成，其要在循道、和人以遇时也。

人不学、不行、不勤，无以体大道。

故《淮南子》云"圣人蓄道以待时"，蓄者，学以积、行以体道也。

是故人谋者，循道以就义，和以得人，如此而已矣。

夫时者，可候之，不可强矣。

故庄子曰：安时而处顺。知命之谓也。

——《耳有子·人书·命论》

第二章 儒家智慧与儒家文化

　　智慧是什么？是中国古代圣贤在毕生实践过程中发现与揭示事物之道的方式与方法，她闪耀着中华文明最璀璨的思想光芒，为我们民族照亮了前行的道路。

　　儒家智慧，无疑是中国传统智慧中最重要的组成部分。至于道，则无疑是其核心内容。先秦道家言道，儒家亦言道，宋明理学家甚至将理学称为道学，后世虽仍言理学，其实一也。那么，道究竟是什么呢？所道者又为何？道者，理也，故将二者并称，曰"道理"。

　　那么，究竟如何方为得道呢？先"知道"，后"做到"，诚如阳明先生所言"知行合一"也。

第一节　儒家智慧

　　所谓"知道"，知"道"也，大致与西方哲学中的认知论类似。这里需要说明的是，考虑到中国传统文化在漫长的历史长河中不同学派之间的相互影响，本章以儒家认知方法为主，间或援引道家学派的认知方法相类比，以期形成对照，帮助读者更为直观、鲜明地认知儒

家思想中所蕴含的智慧。

同时,为了凸显儒学的现代性特点,笔者将结合西方哲学中的相关内容进行对比性论述,从而让当代中国人更为深刻地理解中华儒学(道学),以期破除许多人心中对传统文化的诸多误解与偏见。

一、类推认知法

类推法在我国传统文化中有较为广泛的应用,可以说先秦诸子百家绝大多数都运用过,道家与儒家也不例外。

(一)道家类推认知法

《道德经·四十七章》曰:

> 不出户,知天下;不窥牖,见天道。
> 其出弥远,其知弥少。
> 是以圣人不行而知,不见而名,不为而成。[①]

老子真的能做到"不出户"而"知天下"吗?每当给理科背景的学员授此课时,笔者总会追问一句"诸位信吗"?不少学员摇头。毕竟在数千年前,古人可没有互联网、手机等信息工具,怎么可能实现呢?但是,老子确实做到了。老子是"得道"之人,无需借助外在工具即可做到这一点,其方法与儒家的"知人先知己""以己度人"相同。《道德经·五十四章》云:

> 善建者不拔,善抱者不脱,子孙以祭祀不辍。
> 修之于身,其德乃真;修之于家,其德乃余;修之于乡,其德乃长;修之于国,其德乃丰;修之于天下,其德乃普。
> 故以身观身,以家观家,以乡观乡,以国观国,以天下观天下。

---

① 冯达甫:《老子译注》,上海古籍出版社,1991年,第108~109页。

吾何以知天下然哉？以此。①

什么意思？老子之所以能够知天下，采用的是"以身观身"的方式。所谓"以身观身"是相互的，也就是"以人观（度）己，以己观（度）人"。欲知人，先知己；欲观人，先观己。具体如图2-1所示。

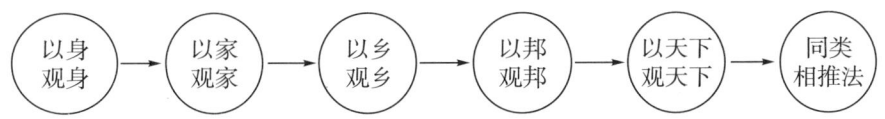

图2-1 老子"知天下之法，同类相推而已矣"示意

知己即观己，观己即观心。观心主要是"内观"，即观自己心中的念头，体察自己各种各样的想法和回忆等。通过对自己的内心进行深刻洞察，我们明白了自己，了解了自己，也就理解了人的共性，自然也就可推知他人，这就是老子之"明智"。《道德经·三十三章》云：

知人者智，自知者明。胜人者有力，自胜者强。知足者富，强行者有志。不失其所者久，死而不亡者寿。②

老子开章即指出：先知己，后知人；知己曰明，知人曰智。此即"明生智"，合称"明智"。具体如图2-2所示。

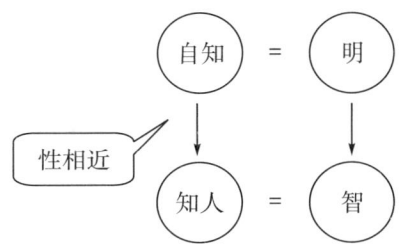

图2-2 "先明而后智，'明智'"之逻辑示意

很明显，这就是一种由己及人的推知，当然，此种推知得以成立

---

① 冯达甫：《老子译注》，上海古籍出版社，1991年，第123~124页。
② 冯达甫：《老子译注》，上海古籍出版社，1991年，第78~79页。

的前提是"性相近",只有性相近,才能由己推人。因此可以说,老子和孔子在认知层面上是同一的。

现在,我们回过头来重新梳理一下《道德经·四十七章》的内容,为何老子说"不出户,知天下;不窥牖,见天道。其出弥远,其知弥少"呢?

天下在何处?不过人与事耳。事皆由人所生,人为何生此事,皆人性使然也。因此,天下之本质在人性,也在人心之中。"天下即人心",此之谓也。

既然天下在人心之中,那么老子只需认识己心,自然也就能知道人心。相比较而言,科学类知识体系的建构主要是基于对外物的研究,而非研究人。人们受此影响,习惯于"往外看",而不是"向内看"。然而若要研究人,则必然要反观内心,这也是会有"其出弥远,其知弥少"这一说法的缘故,"不行而知,不见而明,不为而成"的意蕴不言自现。

可见,科学与人学是两种截然不同的研究对象,导致了大不相同的研究方式。传统文化诸学派经过对人性普遍规律的归纳,得出了"性相近"的前提,从而进行"知人先知己"的类推,最终得出了"知天下即知心"和"人心即天下"的人学判断。

(二)儒家类推认知法

儒家是如何认识世界的呢?首先我们来看孔子。《中庸》有云:

> 子曰:"道不远人。人之为道而远人,不可以为道。诗云:'伐柯伐柯,其则不远。'执柯以伐柯,睨而视之,犹以为远。故君子以人治人,改而止。忠恕违道不远,施诸己而不愿,亦勿施于人。君子之道四,丘未能一焉:所求乎子,以事父未能也;所求乎臣,以事君未能也;所求乎弟,以事兄未能也;所求乎朋友,先施之未能也。庸德之行,庸言之谨,有所不足,不敢不

勉，有余不敢尽；言顾行，行顾言，君子胡不慥慥尔！"①

为何说"道不远人"？道者，言人之道也。人道者，人性之所共通者也，即"性相近"也。故君子"以人治人"，其实"将心比心"，"施诸己而不愿，亦勿施于人"。

故《大学》云："所恶于上，毋以使下；所恶于下，毋以事上。所恶于前，毋以先后；所恶于后，毋以从前。所恶于右，毋以交于左；所恶于左，毋以交于右。此之谓絜矩之道。"此其证也。

夫道，何谓也？《中庸》曰："天命之谓性，率性之谓道。"这句话是什么意思？遵循人天性的，就是"道"。那么，天性又如何得知呢？孟子曰："尽其心，则知其性也。"因此，从一定程度上讲，性就是心。此乃儒家心性之学也。

道循天性，其实就意味着"道在人心"。诚如孔子所言，人之为道而远人，不可以为道。如果我们离开人去求道，只会越来越偏离正轨与初衷。这与老子所谓"其出弥远，其知弥少"是一个道理。孔子也同样运用类推认知法来"反观诸己"，而后可以"知人"。故樊迟问"知"，孔子亦曰："知人。"可见，孔子与老子在认知层面具有一定程度上的同一性。

在先秦，荀子是儒家认知论方面最主要的贡献者，他具体阐述了儒家的类推法。《荀子·非相》云：

> 圣人何以不欺？曰：圣人者，以己度者也。故以人度人，以情度情，以类度类，以说度功，以道观尽，古今一也。类不悖，虽久同理。故乡乎邪曲而不迷，观乎杂物而不惑，以此度之。②

圣人为何不可欺之以现象、表象或假象？因为圣人知"道"，知晓人的共性及人之"类"。同类者，同理也，即"人同此心，心同此理"。因此，圣人就以自己来度量他人，这就是"以人度人""以情度

---

① 〔宋〕朱熹：《四书章句集注》，中华书局，1983年，第23~24页。
② 〔清〕王先谦：《荀子集解》，沈啸寰、王星贤点校，中华书局，1988年，第52页。

情""以类度类"的类推法。若有反常，必然心存警惕，又如何能被欺骗呢？

至于具体的类推又该如何做呢？《荀子·非相》又有云：

> 辨莫大于分，分莫大于礼，礼莫大于圣王。圣王有百，吾孰法焉？故曰：文久而灭，节族久而绝，守法数之有司极礼而褫。故曰：欲观圣王之迹，则于其粲然者矣，后王是也。彼后王者，天下之君也，舍后王而道上古，譬之是犹舍己之君而事人之君也。故曰：欲观千岁则数今日，欲知亿万则审一二，欲知上世则审周道，欲知周道则审其人所贵君子。故曰：以近知远，以一知万，以微知明，此之谓也。①

具体解析如下：今日之于千岁，时之类也；一二之于亿万，数之类也；周道之于上世，人之类也。从近代之事可以推知远古，从细微之处可以穷尽广大，此即所谓"由一知万"也。

荀子对事物进行归纳总结，从而将纷繁复杂的事物表象归纳为相对简单清晰的类别，这就是类推认知法中"由万而一"的事物归纳总结环节。

众所周知，孔子与孟子常称颂尧、舜、禹、文王等先王之德，而作为儒学之后，荀子则持鲜明的"法后王"主张。这是为什么呢？

常人多不达"道"，只知拘泥不化地"法先王"，然而他们并不明白孔子"告诸往而知来者"的类推认知之道，不懂得行权变通，故常陷入因循守旧之境。荀子则不然，他深知孔子"性相近"的真理性，明白人性具备跨越时空的稳定性。毕竟，先王是人，后王也是人，千古同情，万世同理，岂能薄今厚古、非今是古？先王、后王，其实皆"王"，故不必一味"法先王"，"法后王"亦可矣。

荀子之道，可以"以近知远，以微知明"。具体如图2-3所示。

---

① 〔清〕王先谦：《荀子集解》，沈啸寰、王星贤点校，中华书局，1988年，第50～51页。

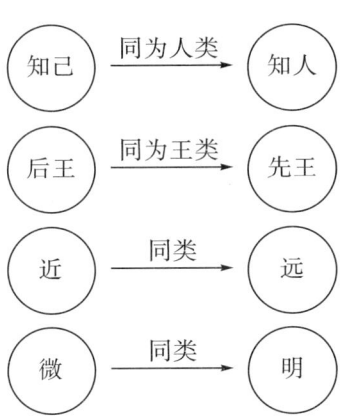

图 2-3　荀子"以近知远，以微知明"之法

那么，荀子所言"以一知万""以一持万""以一行万"又是什么呢？是荀子之道，从现代语义来讲，就是荀子的认知与实践方法。

道是什么？在人而言，就是"共性"；对于其他事物而言，就是"一"。荀子所谓"一"，就是"规律"或"道"；荀子所谓"万"，就是"现象"或"器"。现象成千上万，故曰"万"；但同类事物的本质则是一样的，故曰"一"。这就是"由万而一"进行归纳归类的认知环节。具体如图2-4所示。

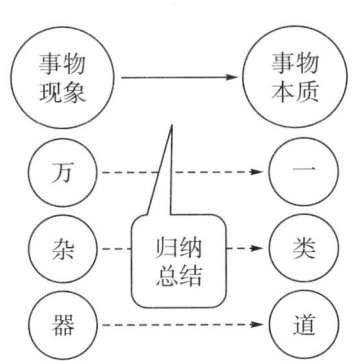

图 2-4　"由万而一"之归纳认知示意

荀子强调大儒必须得道，不能拘泥于历史形式，而要掌握"以浅持博""以今持古""以一持万"的类推实践方法，从而因地因时制宜，这就是"行权"。具体如图2-5所示。

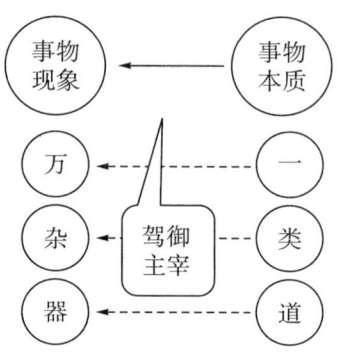

图 2-5 "以一持万"之类推实践示意

荀子强调，大儒应秉持"以类行杂""以一行万"的实践方法，这是一种典型的透过现象抓本质的实践法，一种"以道御器、以道御术"的方法论。

对此，回想《论语》中孔子说难于"与权"。为何？其根本原因在于拘泥于现象而看不清本质。简而言之，"器"者众，得道者寡。

那么，为何孔子曰"君子不器"呢？

二、阴阳认知法

《论语》云："君子不器。"孔子希望君子能"知道""得道""行道"。事实上，孔子终其一生孜孜以求，亦不过此三者而已。《论语·里仁》曰：

> 子曰："朝闻道，夕死可矣。"①
> 子曰："士志于道，而耻恶衣恶食者，未足与议也。"②

《论语·述而》曰：

> 子曰："志于道，据于德，依于仁，游于艺。"③

何以证明"君子不器"即为"得道"呢？《周易·系辞上》曰：

---

① 杨伯峻：《论语译注》，中华书局，2006年，第40页。
② 杨伯峻：《论语译注》，中华书局，2006年，第40页。
③ 杨伯峻：《论语译注》，中华书局，2006年，第76页。

"形而上者谓之道,形而下者谓之器。"所谓"器"者,形而下也,其实也就是"器物"。器物者,有定型也,拘泥于其形式,则自然无法变通,无法"行权"也。道则不然,形而上者,无所定型,顺其自然,随机应变,因此可以"权宜"也。

那么,道是什么?是规律吗?可以称之为规律,但不是今天西方科学语义上所讲的发现事物的科学规律,而是从另一种思维角度出发看待事物本质的方式,这是一种辩证地对待事物本身的思维方式。

实话说,如果中国的先圣先贤真的如西方哲学家那样发掘规律并进行表达,那么则必须借助西方文明中的"形式逻辑"思维模式。但中国始终没有走上这条道路,反而自然而然地选择了另外一条"类比推理"的思维道路。这就是我一直坚称中国没有西方式的"哲学",而只有自身特有的"道学"的缘由。

(一)阴阳与道

《周易·系辞上》曰:"一阴一阳之谓道。"关于阴阳,不同范畴有不同的解释,如中医、玄学、道学等都有提及,它们的含义既有相似之处,也存在一定的差别。

何谓阴阳?本书中所说的阴阳,是一种相对抽象的概念系统,以便于表达宇宙间事物的不同状态,从而使人体会到事物的本质规律(道)。这里有一点需要注意:阴阳本身并非道,而是古人通过阴阳之间的变化来发现和体会事物中所蕴含的道理。故曰:一阴一阳之谓道。哲学中的阴阳这一概念的基本含义可分为三种:其一,相互区别的两种状态;其二,相反相对的两种状态;其三,相关的两种状态。

那么,阴阳变化的规律有哪些呢?

其一,相生。《道德经·六十三章》云:

> 为无为,事无事,味无味。
> 大小,多少,报怨以德。
> 图难于其易,为大于其细。

> 天下难事必作于易，天下大事必作于细。
>
> 是以圣人终不为大，故能成其大。
>
> 夫轻诺必寡信，多易必多难。
>
> 是以圣人犹难之，故终无难矣。①

这里体现了一个很重要的方法论：将大事、繁事、难事分解为小的、简单的、容易的事情，然后再去做，最终积少成多、积小成大、积易成难，积简成繁。这属于典型的先"知道"（认识）而后"行道"（实践），即所谓"以道御术"，用现代语言来讲，就是以事物的发展规律来指导实践。

其二，相克。相对立的、相反的两种状态，必然是相互克制的。比如，民谚曰："兵来将挡，水来土掩。"其中兵与将、水与土之间便是相克的关系。再如"狡兔死，良狗烹；高鸟尽，良弓藏；敌国破，谋臣亡"，其中狡兔与良狗、高鸟与良弓、敌国与谋臣之间也是相互对立、矛盾、克制的关系。

（二）阴阳与中庸之道

儒家所言"中庸"其实是一种方法论，亦可以"道"名之，曰"中庸之道"。

儒家之所以提出"中庸"这一概念，是因为事物的状态是一直变化的，真正的极端状态（阴、阳）并不常见。一旦出现，物极必反，因此，最好的状态就是"中"。此中者，即最为"合时"的一种状态，即"时中"，但未必就是中间状态。

那么，儒家究竟是如何借助"阴阳"来思考的呢？孔子曰："温故而知新，可以为师矣。"古之人，孰为师？道之所在，师之所在也。因此，为师者，必得道也。故者，阴也；新者，阳也。阴阳相生，"温故而知新"即"由阴知阳"。《论语·子罕》曰：

---

① 冯达甫：《老子译注》，上海古籍出版社，1991年，第143~145页。

子曰："吾有知乎哉？无知也。有鄙夫问于我，空空如也。我叩其两端而竭焉。"①

这里的"两端"指的就是阴阳两种状态。古人认为，要从事物的开始（阳）抓起，仔细观察事物的发展走向与最终结果（阴）的全过程，从而可以归纳出"由阳而阴"的基本变化规律。最终可借助"见阴而知阳"或"察阳而知化"的规律来指导实践。

比如，历史上有"见微知著"这一认知方法的总结，相应的，必然也有"防微杜渐"的实践指南。而两者的背后就是阴阳的变化规律。微者，未形将形之际也，故晦；著者，已形者也，故明。

如此则不难明白，为何要"防""杜"其"微"，不防不杜，微必著也。

（三）阴阳与"君子务本"

儒者常言"君子务本"。何以务本？务先、务始也。此处亦可结合上例"见微知著"来解析。具体如图2-6所示。

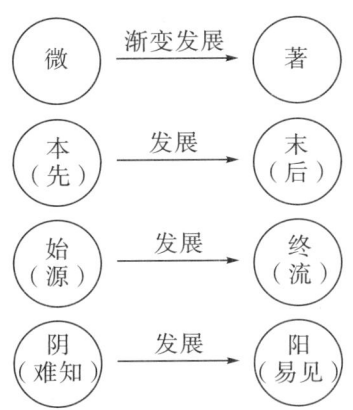

图2-6 "见微知著"与"务本法"的两相结合

古人为何"谨小慎微""谨始""慎终如始"？务本者，必谨其始也。物之始者，小也，微也；及其终者，大也，著焉。世间祸患皆如

---

① 杨伯峻：《论语译注》，中华书局，2006年，第102页。

是，祸之始者，小而微也，然弗防弗杜，祸大焉，害巨矣。故智者慎始，愚者幸终。如此，方为慎之"务本"焉。

在现实中，我们往往会相信因果关系。在西方的哲学理论中，因果关系是逻辑关系的重要组成部分；在中国，则属于始终、先后、本末一类的"阴阳"关系。因者，始也，先也，本也，皆难知者也，故属之阴；果者，终也，后也，末也，皆易见者也，故属之阳。故曰：因果者，阴阳也。具体如图2-7所示。

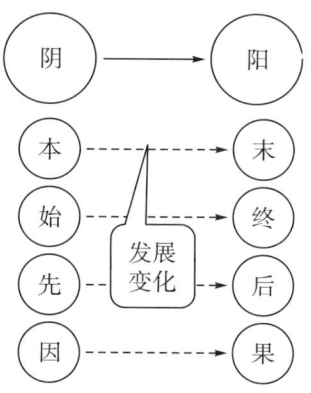

图2-7　因果者，阴阳也

遵循事物的变化发展规律，运用阴阳思维方式动态地看待事物，是"察阴知阳"的具体应用，也谓"知本、务本"。

三、修心认知法

道者，理也。道不远人，因其在人心也。人以心来见道，但在这一过程中，情感、情绪、欲望等感性或个人意志诸要素均会干扰我们的心，以至于无法认清事物的本质。因此，要想知"道"，必须先"洗心"或"修心"。

儒学中的修心认知法，以王阳明成就为最。阳明心学虽归于儒，但其技术层面上吸收了传统道家的认知成果，直接推动了儒道合流的历史进程。

知识是无穷尽的，但生命是有限的，若一味以有限的生命去追求无穷的知识，则易至于无解之境。因此，如果人们掌握了认识知识的方法，则事半功倍，即所谓"授人以鱼，不如授人以渔"。简言之，善于掌握发现知识的方法，才是学习的终极解决之法。《道德经·四十八章》曰：

> 为学日益，为道日损。
> 损之又损，以至于无为。
> 无为而无不为。
> 取天下常以无事，及其有事，不足以取天下。①

为学，何谓？即学习知识，当然多多益善，日益者，至于博学也。而为道，则是如何发现知识的认知方法。

如何为道？首重修心。《庄子·大宗师》曰："且有真人，而后有真知。"斯言诚是。问题在于，如何"修真"呢？即老子之"日损法"，就是"日损其欲"，最终达到"无为"的状态。

所谓无为，无妄为也，循自然而为，而非我焉。简言之，"日损"的对象就是欲望、情感、意志、偏见、成见等，最终达到无我、无欲的状态，自身认知不受诸因素左右，乃有正知、正见。

为何说"当局者迷，旁观者清"呢？原因很简单。当局者有"相关利益"，自然"关心"。民谚曰"关心则乱"，意味着什么？即当局者的认知判断受到内心的欲望干扰时，便难以保持冷静、客观，以至于做出"失之偏颇"之决策。

诸位读者，请结合以下词语来审视内心（以身证道）。欲望：利欲熏心、私心杂念、挖空心思；情感：急怒攻心、痛心疾首、心花怒放；心态：心驰神往、心烦意乱、心猿意马；成见：心存芥蒂、心怀鬼胎……

很显然，当心中有"人欲"时，自然会影响我们的判断，从而导

---

① 冯达甫：《老子译注》，上海古籍出版社，1991年，第111~112页。

致所谓"视而不见,听而不闻",以至于"人欲乱心"。具体如图2—8所示。

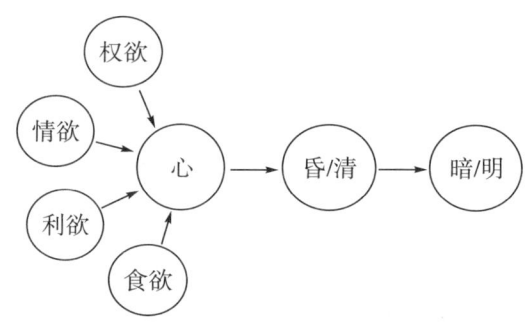

图2-8 "人欲乱心"之逻辑示意

从图2-8中可以看出,一个人是时刻保持清醒的,还是始终都昏昏沉沉的,实际上与他的内心状态有关。如果"心中有事",自然就会有所牵绊,也有可能会因此而走向昏愦,反之则心智清明也。

在日常生活中,我们常说"做事要用心",其实也是由此演变而来的,要求心达到如下状态:明心,即心如明镜、心如止水、心平气和;专心,即心无旁骛、潜心贯注、专心致志。

所谓聚精会神,其实也与修心有关。

圣人内心空空如也,无需提前准备,只是随感而应、无物不照而已。慢慢打磨其心,习以为常,心自明也。譬如阳明弟子徐爱所谓"磨镜子",就是一种修心训练。这种训练在阳明看来有二:其一,静坐观心,比较容易;其二,在事上磨,比较难,而若久久为功,最终亦可超凡脱俗矣。

事实上,人世间之事,皆人之所为,而人之所以为者,以其性也。孔子曰"性相近",实际上是告诉我们知人先知己,而知己先知心。简言之,天下之事,皆在人性之中,即在人心之中,在我心之中也。

人道在心,孟子亦曰:"学问之道无他,求其放心而已矣。"所放之心,"良心"也,即"道心"。因此,传统文化基本属于"人学",

或曰"心学"。简言之，人学的规律在于心，以心观心，类推而已。

经过整节的论述，我们大致可以归纳出儒家学问的认知方面有以下几个要点：

其一，中西方哲学对"感知与经验"在认知中的根源性、基础性作用都给予了肯定，经验是有效的，也是检验真理（或存在）的必要途径之一。

其二，经验以外，中西认知路径则明显分道了，中国走上了抽象的"阴阳"（辩证）思维方式的"道学"道路，而西方走上了抽象的"逻辑"思维方式的"哲学"道路。

其三，中国传统认知模式（方法）并非简单的、孤立的，而是可以进行综合使用。在认知事物和实践过程中，不同阶段采用不同方法，有利于提高人的认知水准。

其四，认知真理（或存在）的途径有很多，不应局限于某一种，中西认知模式都可综合使用，不必相互排斥。

第二节　儒家文化

何谓得道？首先，要在内心中实证道；其次，要在行为中体现道。二者缺一不可。

俗语有云："要做事，先做人。"这是儒家文化主要涉及的两个范畴，不仅涵盖知识，更重视成人之道。

一、何谓文化

何谓文？《说文》曰："文，错画也，象交文。凡文之属皆从文。无分切。"① 即文理纵横交错形。本义，纹理也。文有二：其一，天之文，譬如天文、地文、水文；其二，人之文，譬如文字、文章、文

---

① 〔汉〕许慎：《说文解字·九上》，中华书局，1963年，第185页。

采、文德、文治。而"文化"之"文",是指人之文。

何谓化?化者,变也。变有二:其一,量变;其二,质变。《中庸》曰:"变则化。"其实"变生化",合称则为"变化"。简言之,量变曰"变",质变曰"化"。

如何真正把握"文化"之本义呢?我们可以结合上文儒家的"务本法"来挖掘其义。具体如图2-9所示。

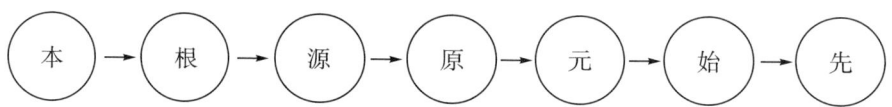

图2-9 通过"务本法"来把握文化本义的示意

诸位,儒家务本法,其实质是"正本清源",讲求从源头来研究问题,略微类似于今天所谓的"原点思维"。因为,当问题已经发生后,人们往往会被它复杂的表象所迷惑或缠绕,而一旦回到问题的起始处或原点就会发现,事情变得简单多了,这样也更容易找到问题的症结所在。

文化的源头在哪里?人类发展到什么阶段文化才开始产生?

从"本—原—始"的关系演绎中,不难看出文化与原始的关系。所谓文化,是指人因文而发生质的变化。为此,有必要通过人在原始时代与文明时代的行为对比来进行研究。

诸位读者,试想,若回到原始时代,彼时不存在现代社会,没有制度规则……一切皆因循自然,那时人类的行为究竟受什么支配呢?

在课堂上,不少同学回应道"想怎么干就怎么干",此实乃为所欲为、随心所欲之举,本质上是受本能支配,与动物并无二致。彼时徒有人形,行若禽兽,岂可谓之人哉?故《孟子·滕文公上》曰:

人之有道也,饱食、暖衣、逸居而无教,则近于禽兽。圣人有忧之,使契为司徒,教以人伦,——父子有亲,君臣有义,夫妇有别，长幼有序，朋友有信。①

人的行为近于禽兽，则无疑是野蛮的。试想，若人皆以兽行，乱莫甚于此，天下岂有人哉？故上古圣人忧之，体天制礼以别之，兽乃兽，人乃人，文明遂兴焉。故《荀子·劝学篇》曰：

> 学恶乎始？恶乎终？曰：其数则始乎诵经，终乎读礼；其义则始乎为士，终乎为圣人。真积力久则入，学至乎没而后止也。故学数有终，若其义则不可须臾舍也。为之，人也；舍之，禽兽也。故《书》者，政事之纪也；《诗》者，中声之所止也；《礼》者，法之大分，类之纲纪也，故学至乎《礼》而止矣。②

显然，荀子《劝学篇》体现了儒家的成人之道。人与兽异类，辨而别之者，礼也。行礼者，人也；非礼者，禽兽也。故《荀子·非相篇》亦曰：

> 人之所以为人者，何已也？曰：以其有辨也。饥而欲食，寒而欲暖，劳而欲息，好利而恶害，是人之所生而有也，是无待而然者也，是禹、桀之所同也。然则人之所以为人者，非特以二足而无毛也，以其有辨也。今夫狌狌形笑，亦二足而无毛也，然而君子啜其羹，食其胾。故人之所以为人者，非特以其二足而无毛也，以其有辨也。夫禽兽有父子而无父子之亲，有牝牡而无男女之别。故人道莫不有辨。③

礼者，成人之道也，所以治天下者也。故中华文明，亦谓礼治文明（礼乐文化）。

礼是文化的核心内容与落实途径。早在夏、商时期，礼已有之。至于春秋战国，即所谓"礼崩乐坏，天下大乱"之时，儒家力图恢复

---

① 杨伯峻：《孟子译注》，中华书局，1960年，第125页。
② 〔清〕王先谦：《荀子集解》，沈啸寰、王星贤点校，中华书局，1988年，第7页。
③ 〔清〕王先谦：《荀子集解》，沈啸寰、王星贤点校，中华书局，1988年，第50页。

周代之礼,以期达到周正天下秩序的目的。《论语·八佾》曰:

> 子曰:"夏礼,吾能言之,杞不足征也;殷礼,吾能言之,宋不足征也。文献不足故也。足,则吾能征之矣。"①

《论语·为政》曰:

> 子张问:"十世可知也?"子曰:"殷因于夏礼,所损益,可知也;周因于殷礼,所损益,可知也。其或继周者,虽百世,可知也。"②

很明显,古之夏、商、周三代皆有礼,且三代之礼之间在有所损益的同时还存在传承的关联性。而后世儒家学派教人以礼,其目的在于引导人"有别于禽兽而为人"。故儒家推崇"君子—人"而贬低"小人—禽兽",目的就在于"以文化人"。化者,改变也。如果人如同禽兽一般无意识而行,则社会无以存,文明无以生。因此,文化的形成是人类社会的必然产物,也是人类社会发展的必然结果。

礼义之教,目的在于教育人遵礼循义,而非纵情肆欲。只有这样,才能以礼义为纽带,形成稳定的家庭、社会和国家关系,进而建立"相安无事、和睦共存"的社会秩序。

二、君子者,知行合一也

儒家文化最终是要培养什么样的人呢?君子。君子执政,则天下归其治,这就是儒家教化天下的目标。

君子乃知行合一之人。知道且做到,故君子是身体力行践行儒家学问之人,是"得人道"之人。反之,知而不能行者,其知行相离为二,非君子也,当然也就不属于有儒家信仰者。《论语·为政》曰:

---

① 杨伯峻:《论语译注》,中华书局,2006年,第28页。
② 杨伯峻:《论语译注》,中华书局,2006年,第22页。

子贡问君子。子曰:"先行其言而后从之。"①

《论语·里仁》曰:

子曰:"君子欲讷于言而敏于行。"②

《论语·公冶长》曰:

宰予昼寝。子曰:"朽木不可雕也,粪土之墙不可污也;于予与何诛?"子曰:"始吾于人也,听其言而信其行;今吾于人也,听其言而观其行。于予与改是。"③

《论语·子路》曰:

子路曰:"卫君待子而为政,子将奚先?"

子曰:"必也正名乎!"

子路曰:"有是哉,子之迂也!奚其正?"

子曰:"野哉,由也!君子于其所不知,盖阙如也。名不正,则言不顺;言不顺,则事不成;事不成,则礼乐不兴;礼乐不兴,则刑罚不中;刑罚不中,则民无所错手足。故君子名之必可言也,言之必可行也。君子于其言,无所苟而已矣。"④

《论语·宪问》曰:

子曰:"君子耻其言而过其行。"⑤

显然,君子对于言行一致非常重视,不耻"有言无行""言过其行""言过其实"等言行不一之举,是以"不苟且"。在"言"为先的前提下,《论语》中的重行倾向也非常明显。言者,代表所知者也;行者,代表所行者也。若有言而无行,此乃"知而不行",即"知行

---

① 杨伯峻:《论语译注》,中华书局,2006年,第18页。
② 杨伯峻:《论语译注》,中华书局,2006年,第44页。
③ 杨伯峻:《论语译注》,中华书局,2006年,第50页。
④ 杨伯峻:《论语译注》,中华书局,2006年,第150页。
⑤ 杨伯峻:《论语译注》,中华书局,2006年,第174页。

背离为二"，亦即"学文而不化"。可见，知行合一者，即学文而化者也，君子哉！简言之，有文化，即君子，反之则非。

或许今人会问，圣人教化天下，他自身践行了吗？又真正做到"知行合一"了吗？《论语·述而》曰：

> 子曰："文，莫吾犹人也。躬行君子，则吾未之有得。"①

《论语·公冶长》曰：

> 子路有闻，未之能行，唯恐有闻。②

很明显，当我们视孔夫子为"圣人"时，孔子却自谦连"君子"都不是。君子者，人世间之美名也，孰能轻易致之哉？君子难成，故当勉之矣。此圣人之心也。

至于子路，则是圣人弟子中的至诚践行者。他曾说，当自己听到一个人生至理而又还没有践行的话，便会害怕又听到一个新的道理。这说明什么？子路诚信圣人之道，是以笃行之也。

反过来说，今天社会上许多人说"我知道"，其实只是了解而已，而未必真正"知道"。笔者以为："言知未必知，行其所知，自得于心，谓之诚知。"对于道理，古人一定要践行、实证，并真正掌握及运用，以为如此才算真知。相比之下，我们只是"言知"，而非"诚知"也，诚如阳明先生所言"知道不做到，等于不知道"。

诸位，学习传统知识，若不亲身尝试与内证，何以得"道"？不得道，学有何益？

---

① 杨伯峻：《论语译注》，中华书局，2006年，第86页。
② 杨伯峻：《论语译注》，中华书局，2006年，第52页。

或问：思之于知，何谓？

答曰：昔子曰："学而不思则罔，思而不学则殆。"

中庸有言：博学之，审问之，慎思之，明辨之，笃行之。

程子曰：学原于思。

合而观之，学思相须，知道之方也。

程子亦曰：欲知得与不得，于心气上验之。思虑有得，心气劳耗者，实未得也，强揣度耳。

知道未必得，何也？

学而思，可知道，然得道者，必由其行，行之久则固，固则化，自然得之矣。

故曰：学而思可知，道不行不得。此之谓也。

——《耳有子·人书·知论》

昔庄子曰：有真人而后有真知。言其知源于天心也。

何谓天心？夫人之心，溺于情而陷于欲，其性之清明蔽矣。

真人日损之行，自然离情绝欲，清明之性复焉。

是故其心合乎天心，此其时所见，皆真见也；此其时所知，皆真知也。

故庄子之知，纯乎先天之知也。

或难曰：后世船山云"离行以为知，非真知也"。两相合参，不亦悖乎？

应之曰：不然。

船山尝曰：行可兼知，而知不可兼行，言其知源于行也。

故船山又曰：力行而后有真知，此之谓也。

耳有子论曰：知之道，有二，一曰先天之知，二曰后天之知。船山言后天，庄子言先天。如《易》曰：一致而百虑，殊途而同归。二子其途二，其归则一也。

譬如今之人，习西学之逻辑，可知自然之理，非必行而后知也，亦真知也，是与庄子相类；

近世毛氏作"实践论"，实行而后知。西人曰"经验"而后"理性"，亦可致真知，是与船山相类也。

——《耳有子·人书·知论》

或问：知而知、体而知，其同何谓？

答曰：同于一心也。昔张子尝曰：由象识心，徇象丧心。知象者，心。存象之心，亦象而已，谓之心，可乎？何以明之？

夫人，视象以目，闻之以耳，明之以心，谓之象也。故无象，则人不明其心之实有也。

徇象者不然，不明其理，执迷于象，反失其心，仅象耳，岂可谓之心哉？

故曰：知而知者，假耳目，终明乎心，是谓人心。

体而知者，诚乎心，天人相感，是谓天心。

人心合天心，同于一心也。

圣人常体天心，众人常习人心，同体而异用耳。

故耳有子论曰：天人同心，二知同体。此之谓也。
——《耳有子·人书·知论》

昔子曰：巧言令色，鲜矣仁。
后陆子曰：某之取人，喜其忠信诚悫，言似不能出口者。谈论风生，他人所取者，某深恶之。
亦曰：不曾行得，说这般闲言长语则甚？
问：何谓邪？
耳有子论曰：子之所叹，陆子所取，其实一也。
夫儒者，所重者，行也；所轻者，言也。
行者实，言者名。
然实至而人不知，世无其名，不亦君子乎？
名满天下，然其实不副，不亦小人邪？
故论曰：君子尚实，小人尚名，此之谓也。
——《耳有子·明儒·务实》

昔周子曰：圣人之道，仁义中正而已矣。
问：何谓？应之曰：圣人之道，其本则仁义，其用则中正耳。
或问：何以中正邪？
答曰：君子循中庸之道，礼以行之。昔有子曰：礼之用，和为贵。言行礼贵其中，至于和其群也。故君子行道于天下，其心安于仁，其行居于义而节以礼，修中正之身以和其群而已矣。

故子曰：君子和而不同。中庸之谓也。
——《耳有子·明儒·中庸》

或问：古今之学者，其心有别乎？

应之曰：别焉。

昔子曰：古之学者为己，今之学者为人。

程子解曰：古之学者为己，其终至于成物；今之学者为物，其终至于丧己。何以明？

应之曰：古之学者，心中有主，志乎大道，期于成德，终于成圣焉。

圣者，博施济众也，是以成物矣。

今之学者不然，心中无主，诱于外物而欲不已，反害其性，终至于丧己，不亦宜乎？

故曰：自主者成，无主者毁，心之谓也。
——《耳有子·人书·心论》

俗云"六神无主，如无头之苍蝇"，何谓？

应之曰：言心无主耳。无头者，无首也，亦无主矣。

昔程子尝曰：虚器入水，水自然入。若以一器实之以水，置入水中，水何能入来？

盖中有主则实，实则外患不能入，自然无事。

或问：何谓也？

答曰：程子类推之论，言心实有主，外物不能乱之矣。

耳有子曰：君子道其常，以常为主，故守而循之也；小人道其怪，无主而行无常，故反复焉。

故曰：常主其心，怪弗能害，心之谓也。

——《耳有子·人书·心论》

昔语曰：宽以济猛，猛以济宽。何谓？

曰：文武之道，祖述尧舜，宪章文武。所谓文武之道者，一张一弛、一宽一猛，实阴阳相济也。何以相济哉？执两而用中。故曰：阴阳之中，中庸之谓也。

——《耳有子·明儒·中庸》

耳有子曰：兼生宽，宽生容，容生公，公生正，正生中。

又曰：道生兼，兼生中，中则不偏；器则不然，器生偏，偏则不中，或阳或阴。譬如左右、偏倚、贫富者，皆阴阳也。

论曰：执器而图，必偏而失其中也。失中者，失道也；失道者，失其公也。不公，何以正？不正则争，争则乱，乱则危矣。故子曰：君子不器。

——《耳有子·明道·阴阳》

或问：阳明心学，何处下手邪？

应之曰：心也。昔程子曰：圣人之心，如镜，如止水。后阳明弟子爱曰：心犹镜也。圣人心如明镜，常人心如昏镜。近世格物之说，如以镜照物，照上用功，不知镜尚昏在，何能照？先生之格物，如磨镜而使之明，磨上用功，明

了后亦未尝废照。

禅宗曰：明心见性。阳明心学则称：心明则理。用功则一，其归则二也。心者，镜也。镜不明，物何以照？俗云"磨刀不误砍柴工"，磨心以照，岂有误邪？

——《耳有子·明儒·心论》

耳有子曰：吾人之知，始乎其感也。外物至之，人感而后应，是以始知其"在"也。故人之所以无其知也，或无以感，或无物也。

又曰：世之知有二，或学而知，由乎"演绎推理"而知之，西人云"理性"；或体而知，由乎"感觉"而后"归纳"以知，西人云"经验"。两者皆有所见，亦有不足，是故欲知"道"者，融"经验"于"理性"，相济而知。故曰：偏不如兼，知之道也。

——《耳有子·人书·知论》

或问：学之本，何谓？

应之曰：学之本，道也。夫道，有天道焉，有人道焉。今之世者，吾人习西学而言"科学"，实发明"天道"耳。然华夏之文，何谓也？华夏之文，明人道也。何以明？文以载道，四书五经，皆人之道耳。人道者，率其性也。性者，天赋于人者也，人皆生而有之也，先天之谓矣。性不可知，然可体焉。何以由之？尽心而致其诚，是以体之矣。

昔阳明先生曰：为学者，须于心体上用功。凡明不得，行不去，须反在自心上体当，即可通。盖《四书》《五经》，不过说这心体，这心体即所谓"道心"。体明即是道明，更无二。诚知人道矣。

耳有子曰：昔子云"道不远人"，言人道也。人道在心，心性合一者则道明，心性离二则道隐。是故为学之本，心也。

——《耳有子·明儒·学论》

明代学者徐爱问其师曰：至善只求诸心，恐于天下事理有不能尽？

阳明答曰：心即理也。天下又有心外之事，心外之理乎？

阳明之言，有得有失矣。天下之事，人之所为也，探其源，皆由其心耳。所谓"心事"者，实心生事也。若人无心，焉能生事？

故曰：无心、无事，一也。

事如此，理则不然。人无其心，理虽难明，然理"固存"乎天地矣。夫理，有天理焉，有人理焉。天地之间，无人则无人理，天理虽不明，然其"固存"矣。

故曰：天理固存，无心不明。

——《耳有子·人书·理论》

情者，私也，个人也；礼者，公也，众焉。以是观之，名自由，率情欲而无节，不亦兽乎？

故曰：情欲不胜，难以人。

或曰：今人言"创新"，反"袭古"，何也？

应之曰：袭者，循也，沿也，是以同焉。故袭古者，循旧而无以新也。创新者，岂循旧哉？必反旧而新焉。反者，非之者也。

何以明之？

阳而之阴，或曰"阳生阴"，孰为之哉？不亦"人心之非"乎？

是故非生作，作生异，异生新。

故曰：非阳则阴，非阴则阳。

——《耳有子·明道·阴阳》

八卦，人文也；象，天文也。观天之象而作八卦，乃人拟天也。何以拟？类之，比之，效之，仿之，如是而已。故《易·系辞下》曰：古者包牺氏之王天下也，仰则观于天，俯则观法于地，观鸟兽之文与地之宜，近取诸身，远取诸物，于是始作八卦，以通神明之德，以类万物之情。

——《耳有子·辩书·类比》

或难曰：古者尚"天人合一"，今者好"人定胜天"，不亦反乎？

应之曰：名二，实一也。何以明之？昔者之天，诚天道也。天人合一者，顺天道以行，人与天一也。人定胜天者，循天道而用之，天与人一也。昔者吾人不知天道，惟循天而顺之，无以用之。今则不然，吾明"天道"，遂行矣。故曰：知一制万，理之谓也。

——《耳有子·人书·天理》

耳有子曰：夫人，有形有神，俗谓"身心"。身惟"自然"，心惟"自我"。自然则"天理"，自我则"意志"。

若"意志"顺乎"天理"，则身心一，诚自然，真自由也。

反之，"意志"逆乎"天理"，则身心二，逞自我，欲自由，可得乎？

身"自然"而行"自我"，逆天理，身亡焉，其心，岂独存？

或曰：弗循意志，岂曰自由？

应之曰："自由"唯心，"自然"唯身。身者，形焉，有界焉，故有限矣；心者，无形也，无所界之也，故无限矣。

故"意志""自由"者，皆心之所生者也，亦无限。然身者，心之所寄者也。故以"有限"之身求"无限"之"意志"，必也"有限"矣。

故曰：自由有限，理固然。

——《耳有子·人书·自由》

中篇 儒学原理与基本概念

既然人乃天地所生，故遵循天道天理，属于中国人无需耳提面命的本分性分，天经地义矣。

作为"人学"的儒学，内含"仁""义""礼""智""信"等概念，它们与天道天理究竟有何关系？儒学之源到底指什么？

儒学者，人学也。人之源者，何谓？源者，根也，本也。人之根本者，祖先也，天地也。故曰：天者，人之源也。是以天理者，儒学之源（原）理也。

事实上，从"天地生万物"的角度来看，宇宙万物必然受到天地间法则即天道天理的制约，《礼记·祭法》云："大凡生于天地之间者，皆曰命。"所谓命，皆命之于天也。

天道天理，宇宙所有事物规律之总称，道家称之为"道"，儒家称之为"天理"，其实一也。之所以有于天地间妄为者，以其不知"道"之故也。俗话说，无知者无畏，以此。一旦晓明天道天理，孰敢逆天道而自甘罹其祸？

那么，所谓"天理不容"的"天理"究竟指的是什么？天理在何处？在今天，我们又能否真实地"体会与实证"天理呢？

传统中国人究竟是如何遵循天道天理的呢？

第三章　天理与平天下之道

昔有言云："天理昭昭，天下太平。"什么意思？我们明明是在谈论社会、身心问题，怎么一下子又跳到"天下太平"的问题上来了？这不是两码事吗？的确，从当代学术分类的角度来看，二者之间的相关度确实不大。但事实上，这其中恰恰蕴含了中国传统文化解决人事问题的非凡智慧。

第一节　从"平天下"看传统中国"人生事"之道

众所周知，儒家经典《大学》倡导"修身""齐家""治国""平天下"，可以概括为"修齐治平"体系。按现代学术分类，则涉及道德修养、伦理学、社会学、政治学、经济学等诸多范畴，但对于古代中国人而言，其实一也。

天下事物种类繁多，貌似不可计量，但究其本质，其实都是一回事，即"人事"。没有人，何来事？修身、齐家、治国、平天下诸事，大到治天下，小到个人修养，无论大事小事，不也都是"人事"吗？《大学》有云：

古之欲明明德于天下者，先治其国；欲治其国者，先齐其家；欲齐其家者，先修其身；欲修其身者，先正其心；欲正其心者，先诚其意；欲诚其意者，先致其知；致知在格物。物格而后知至，知至而后意诚，意诚而后心正，心正而后身修，身修而后家齐，家齐而后国治，国治而后天下平。①

读完此段，我们不难发现，儒家治理天下的基本规律可以概括为两句——知人先知己，治人先治己。这与孔子"性相近"之言一致。一个人要想"平天下"，治理"天下人"，首先就得将"一国之人"治好；要想治理好"一国之人"，先得将"一家人"治好；要想治理好"一家人"，先得将"自己"治好。可见，"齐家、治国、平天下"的根本在于治人；而要治人，先治己，即修身。因此，修身乃儒家治理天下之本也。具体如图3-1所示。

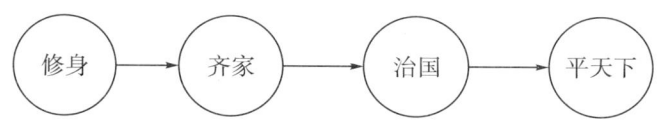

图3-1　"知人先正己，治人先知己"逻辑示意

《大学》又言：

> 自天子以至于庶人，壹是皆以修身为本。其本乱而末治者否矣，其所厚者薄，而其所薄者厚，未之有也！②

治天下之人，其实始于治一人。此处之"一人"者，天下之主也。故孟子曰："一正君而国定矣。"③ 为何"君正则国定"？君、民者，皆人也，人性相近焉，是以君主若能端正自身的言行，自然就能找到治理万民之方。修身在于个人，貌似事小；平天下关乎万民，事关重大，其实呢，都是"人事"，一也。何谓？语曰："事无大小，其

---

① 〔宋〕朱熹：《四书章句集注》，中华书局，1983年，第3~4页。
② 〔宋〕朱熹：《四书章句集注》，中华书局，1983年，第4页。
③ 杨伯峻：《孟子译注》，中华书局，1960年，第180页。

道则一",只要抓住其中之道,即可"以一行万",举重若轻地解决所有事。具体如图3-2所示。

$$\left(\frac{修身}{一人}\right) = \left(\frac{平天下}{亿万人}\right) = \left(\frac{事}{人}\right)$$

图3-2 "一人定国"之治理逻辑示意

那么,究竟怎样才能做到真正意义上的"平天下"呢?天下之"事"又该如何解决?

众所周知,历史上治理天下的最高境界是太平盛世。而太平盛世的标志是什么呢?繁荣,富庶,天下无事。前两者比较好理解,后者"天下无事"恐与当前不同。古语有云:"世上本无事,庸人自扰之。"什么意思?天地万物本为自然,自然则意味着无人为,故无事也。但是庸人恰恰要自扰,即"无事生非""人生事"也。

天地生万物,而人生事,又意味着什么?世上所有事,皆人之所为也。人可成事,亦可败之。既如此,我们便不得不追问人生事的内在机理,明晰了这一点,便自然向"平天下"迈进了一大步。

人身处天地之间,不生事是可能的吗?在这里,首先我们要对"事"的概念加以厘清。在古代先贤看来,如果人纯粹依天性而行,则所为皆自然,不可称为"事";若非"自然"之行,则可谓之"事"。可见,事者,人为之也。

依前文所说,既然"庸人"生事,那么有智之人则无事,因其必知道也,行必法自然,如此则无事矣。若知"人生事"之理,因而循之,弗使人生之,天下遂无事矣。

一般来说,生事的方式有两种:一为主动,一为被动。主动是因人的内心欲望而起,我们的愿望、希望、向往、理想等成为驱使我们"想做某件事情"的根本动因。在这个过程中,人以"主事者"的身份存在,是重要的"事件相关者",因此该事具有计划当中的、有准备筹划的、主动参与的性质。故将内心主动生发的欲望命名为"主欲"。至于被动生事，相比而言更多地属于意料之外、被动或身不由己，大多以一种"被动反应"的方式呈现，从这一角度来讲，更符合"人生事"的某种具体情境展现，但这种"被动反应"也是"欲望"的一种呈现，故将被动反应的欲望命名为"被欲"。具体如图3-3所示。

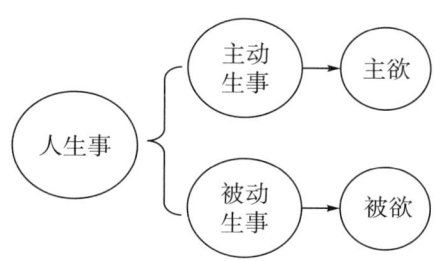

图3-3 "人生事"之内在机理

总而言之，上述两种情况看似不同，其实一也——人必先有欲，而后有所求。所求者，求其所欲也，不求则心不甘。所以归根结底，所有"生事"与"所求"，最终皆归于"心甘""心安"而已。在课堂上，每每讲到这里，我往往会继续追问：人生究竟何时才会"心安"呢？实际上，人心千变万化，很难长时间保持安定，要想持久"心安"，仅仅靠欲望满足是不够的，而是要让人"知足"。而知足源于"知止"，知止则源于"知道"。道者，天道也。因此，我们便以此为契机，来探寻"心安"之道。

诸位读者，为确保大家能真正"体会到"中国传统文化那种"大道至简至易"的智慧以及理解其底层逻辑，请诸位务必真诚结合自身的人生经验，一边阅读，一边实证本章后续相关内容。

道不远人，意味着什么？意味着我们可以从日常生活中发现道。既然儒学即人学，那么反思自己，观察他人的生活与言行，实乃入道方便之门。

在日常生活中，我们经常劝人或被人劝要"心平气和"。因为"心平"是"心安"的前提和必要条件。这一点在生活中也可以得到验证。一个人的内心是平衡、平静的，那么他一定是"安定"的，从传统中国语境来讲，两者之间存在"平生安"的关系，合称"平安"。具体如图3-4所示。

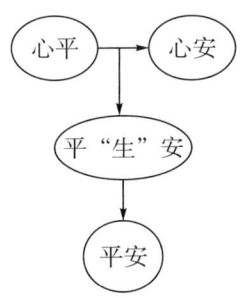

图3-4 "平生安"之逻辑示意

因此，人们常说，"一生求平安""一生求心安"，其实可以算作一回事。只是这其中又蕴含了二者间的深层因果关系：平是安的实现路径。

从经验来看，一个人心理平衡了，气便更加顺和，身体也得以安定，此乃自然之道，不言而明。但在生活中，我们很难时时刻刻保持心平气和的状态，间或会被外界的刺激或干扰所打破。心不平，气自然难以和，身也难以安。《论语·季氏》曰：

> 孔子曰："君子有三戒：少之时，血气未定，戒之在色；及其壮也，血气方刚，戒之在斗；及其老也，血气既衰，戒之在得。"[①]

显然，孔子所言"血气"，乃中医所谓"气血"之气。中医认为人体的体液、血液均由气运转，譬如若人有气虚之证，便自然有补气之方。而孔子"三戒"之言中，在少、壮、老不同阶段，人的血气或气血水平存在明显差异，是以会限制人的行为，故君子深戒之。

另外，心与气之间也存在直接关系。《道德经·五十五章》曰"心使气曰强"，实际上揭示了心可使气的事实。那么，心不平，气不

[①] 杨伯峻：《论语译注》，中华书局，2006年，第198页。

顺，人会如何？先秦中医经典文献《素问·举痛论》(《黄帝内经》)有云："余知百病生于气也。怒则气上，喜则气缓，悲则气消，恐则气下，寒则气收，炅则气泄，惊则气乱，劳则气耗，思则气结，九气不同，何病之生？"很明显，怒、喜、悲、惊、恐等，皆心之所发也。譬如，心之怒，则怒发冲冠、令人发指，气上之故也；心之恐至于失禁，气下之故也。心、气、病之间的逻辑关系，具体如图3-5所示。

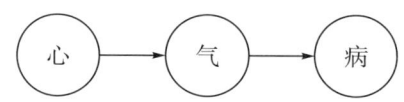

图3-5 "心、气、病"之逻辑示意

纵论心气病之逻辑关系后，自然明白：心有不平者，其气焉能顺？焉能和？轻则心浮气躁，甚则生病，其欲身安，可得乎？否矣。不安者，又如之何？类推可知矣。譬如，饥者欲食，渴者欲饮，寒者欲暖，故不安者欲安，不平者欲平，不顺者欲顺，自然之理也。

于是"事"遂生焉，以求心平而安耳。"人生事"之机理具体如图3-6所示。

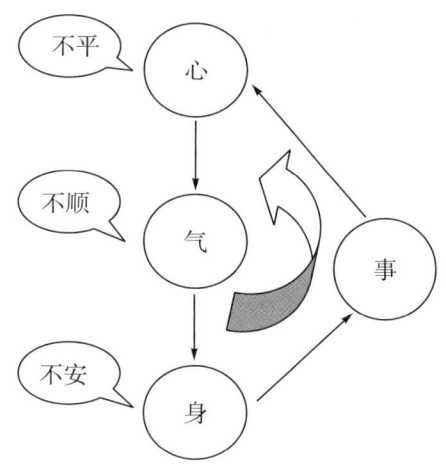

图3-6 "人生事"之机理

总而言之，世间之事，皆人所生，实由心生也。

可见，若以结果论，则人心只有两种状态：平与不平，安与不安。这两种心态与"生事"之间的关系具体如图3-7所示。

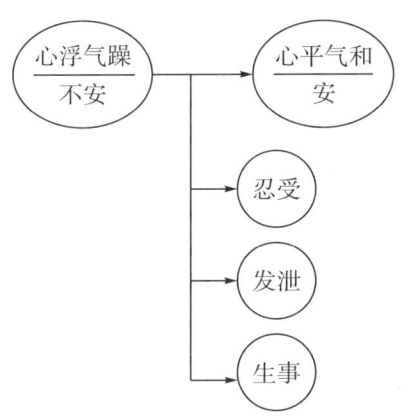

图3-7 "人不安而欲安"之逻辑示意

从"心平气和"出发，我们能够发现"心安"的秘密所在。反过来，人遇事时易感到"心不平"，又由"气不顺"而感"身不安"。当"忍耐"和"转移""发泄"都难以解决"身不安"的问题时，那么人往往会采取"生事"的途径来获取心理平衡，如此反复，直至"心平"为止。从这个意义上讲，"自然无事"的关键在于养心，而心能有所养，则无法避开天理天道与公平的话题。

第二节 循天理，中国"平天下"治理之道

诸位，请注意，我们这一节所讨论的主题是"治理之道"，而非通常意义上的"治理哲学"。这意味着什么？从学问范畴上来讲，哲学意味着思辨，意味着可能方案之一；而道学则主要反映客观存在的规律。事实上，上文所叙述的内容皆可实证于每一人和每一社会事件或现象。因此，平天下之道，意味着中国数千年以来的治理之道可能且必然清晰无误地呈现在我们面前。

随着时间的流逝，不同国家在不同的历史时期往往会采用不同的治理理论或治理模式。而中国数千年来一直秉承平天下之道。可见，

理论或许此一时彼一时，但道却具有永恒性。而从"性相近"的角度来看，古往今来人性何尝变过，治理之道自然同一。

那么平天下之道究竟是什么呢？笔者将其总结如下：所谓平天下者，欲天下太平也，欲天下无事矣。欲天下之人不生事，必先安天下之心；欲安人心，必先平天下之心。否则心不平，气不顺，身不安，事遂生矣。故平天下者，平人心也。心为何不平？不公所致也。公生平也，因公而平，不公则无平。具体如图3－8所示。

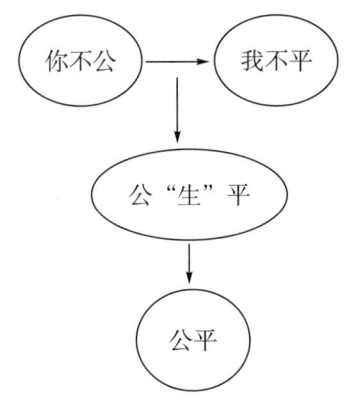

图3－8　"公生平"之逻辑示意

很显然，在日常生活与工作中，人们常常这样说：要公平待人。事实上，严格来讲，这句话并不确切，因为公在人，而平在我，二者之间的内在逻辑即象征"公平"之奥秘。而若将"公平"这一重大话题与上文所述"平安"联系起来，则二者之间的关系如图3－9、3－10所示。

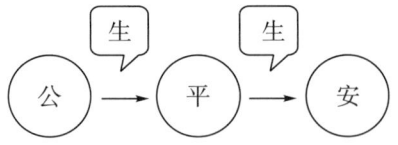

图3－9　"公生平，平生安"示意

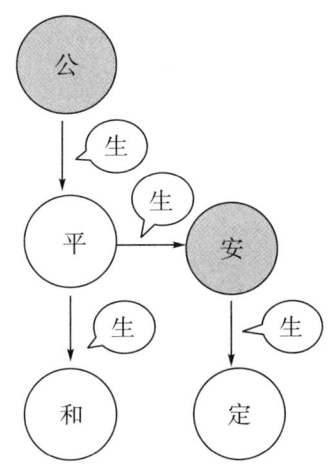

图 3-10 "平天下之道"示意

根据以上两图，我们必须明确以下要点：

平天下之核心——心平气和。若人人心平气和，天下自然太平。天下为何？天下即人心，是故平天下即平人心。若人心平，则天下自平。人的自然状态一定是心平气和的，这是人性之必然。

平天下之逻辑——公生平，平生安，安生定。所谓平天下，即安天下、定天下，本质上就是安人心、定人心。

平天下之源头——公则天下平。要知道，公生平，平生安，而后社会自然安定。

《论语·宪问》曰：

> 子路问君子。子曰："修己以敬。"
> 曰："如斯而已乎？"曰："修己以安人。"
> 曰："如斯而已乎？"曰："修己以安百姓。修己以安百姓，尧舜其犹病诸。"[①]

培养合格的治理天下者乃儒家培养君子的初心。那么，君子为何要修身？因为，治理天下必须要求上位者执一颗公心，始终秉承公正

---

① 杨伯峻：《论语译注》，中华书局，2006年，第179页。

无私的基本原则。如果君子不修身,而是放任自身的欲望,那么自私贪婪终究会成为一种必然,又如何能执公呢?居上不公,天下不平,则乱生矣。故儒家要求君子克己复礼以修身,从而"能公"。具体见图 3-11 所示。

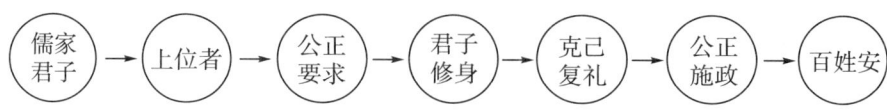

图 3-11 "君子执公以平天下"示意

公是社会治理的根本性问题。传统中国社会讲究本末源流。治理之道需要正本清源,否则,错误的观念易导致行为上的过失。《荀子·正论》曰:

> 主者,民之唱也;上者,下之仪也。彼将听唱而应,视仪而动;唱默则民无应也,仪隐则下无动也;不应不动,则上下无以相有也。若是,则与无上同也!不祥莫大焉。故上者,下之本也。上宣明,则下治辨矣;上端诚,则下愿悫矣;上公正,则下易直矣。①

《荀子·君道》曰:

> 君者,民之原也。原清则流清,原浊则流浊。故有社稷者而不能爱民,不能利民,而求民之亲爱己,不可得也。民不亲不爱,而求其为己用,为己死,不可得也。②

《荀子·强国》曰:

> 且上者下之师也。夫下之和上譬之犹响之应声,影之像形也。故为人上者,不可不顺也。③

---

① 〔清〕王先谦:《荀子集解》,沈啸寰、王星贤点校,中华书局,1988年,第214页。
② 〔清〕王先谦:《荀子集解》,沈啸寰、王星贤点校,中华书局,1988年,第154页。
③ 〔清〕王先谦:《荀子集解》,沈啸寰、王星贤点校,中华书局,1988年,第204页。

上者，下之本也；君者，民之源也。原者，源也。所谓正本清源，意味着什么？正人先正己。为上者，以身作则，率先垂范，克己奉公，唯能公者，可平天下。

第三节 天道即公道，天理即公理

诸位，纵观人类发展史及各种社会现象，究其实质便会发现，所有问题皆围绕天道而产生。可以说，人类社会最重要的行为准绳就是天道。中国人自古及今的行为准则：天道至上，一切行为皆须依天道而行。

那么，天道是什么？在今天，对于自然界而言，天道即自然规律。而自然规律普遍存在，对世人一视同仁，可谓公矣。但在人类社会中，人与人每天都在交往，天道又是指什么呢？就是公道，即所谓"人心有一杆秤，公道在人心"。众所周知，人道好私，唯有天道至公，故从性质上来说，天道即公道。

那么，公道又是什么？虽言"性质如此"，但我们终究不能单纯地从一个概念直接转换至另一个概念，而是要真正体会、切实地感受公道，体悟到什么样的行为才可以称之为公，进而彻悟天道的绝对存在。

（一）结合个案：审视内心，感受天性

读者诸君，欲明天道天理，须结合儒学"以身证道"的方法。现结合日常事例，请大家保持诚意，深入体察自己内心感受的细微区别，你将会发现，道理自然蕴含其中矣。

个案一：诸位，当你在街边行走时，有人从你身旁快速通过，一不小心踩了你一脚，但对方并未道歉，仍继续往前走。

请问，你当时的心情如何？这种情况下你会怎么办？

每当我就此问题发问时，无论是课堂还是现实生活中，很少有人在这种情况下还能够做到内心毫无波澜。在此之后，人们又会做何反

应呢？有的人摇摇头便算了；有的人可能会出言斥责；有的人则可能会予以回击。人们内心难免会觉得不舒服，这是普遍存在的事实（天性相近），但不舒服之后的行为反应则因人而异（习性相异）。

个案二：现在有很多场所都安装了弹簧门，走在前面的人若能为他人着想，往往会帮后面的人扶一下门，这无疑是一种善举。当我们帮后面的人扶门时，对方有的点头示意，有的会说一声"谢谢"，有的人则向你微笑，这些行为无疑让人感到欣慰。但也有个别者会对他人的善举熟视无睹，扬长而过。

请问，对于"扬长而过者"，你心里舒服吗？有何感受？

对此，课堂上有两种声音，多数人说心里难免会不舒服，少数人则觉得无所谓。

众所周知，人受外界刺激的第一反应，属于潜意识的本能层面和本能反应，实属于天性范畴，当我们仔细询问说"无所谓"者的真实心情时便会发现，一开始他们心里同样也会不舒服，只是转念一想，便不计较了而已。在这里，其实是意识层面的"理智"（理性）干预了自己感觉"不舒服"的本能反应（天性）。

个案三：在生活中，人情往来是常有之事，每个人轮流做东，大家吃一顿饭聚一聚，彼此联络一下感情。但有的时候，难免有人会对此"责任"视而不见。诸位，这样的人，你喜欢吗？

此类人只索取而不付出，若将心比心，相信他们也定能够感受到他人的不满和鄙夷。毕竟，没有人喜欢"被占便宜"。

综上所述，为何人们遇到此类情景时，会有不舒服的感受呢？仔细体察内心便不难发现，其实当事人心里都在不同程度上感受到了一种"不公"：既然踩了我的脚为何不道歉？他人为你扶门为何不致谢？为何在人情往来中将他人的友好谦让视为理所当然？显然，旁人"不公"之行，使"我"心生"不平"。"不平之气"（俗称怨气）结于心，以致"气不顺"，自然感觉"不舒服"。

可见，处事要公正，做人要公道（俗谓厚道），自然人人心平气和，如此则和谐自至，太平可期矣。

（二）亲身实验：体验公道，发现天理

《中庸》曰："诚者，天之道也，诚之者，人之道也。"民谚曰："心诚则灵。"我们可以通过自己的感受判断何为不公，但若从道理而言，什么样的行为才算公呢？在这里，我们一起来动手实验，亲身体验何为"公道"，进而发现天理、天道的绝对存在。

找一张结实的木桌，站在木桌旁边，确保自己不会受到干扰；

清理桌面，确保桌面无异物；

紧握右拳，击打桌面；

控制力度，感受自身击打力度与桌面反弹力度之间的关系，当手有痛感时结束。

那么，究竟是什么让人感觉到疼痛？有人说是木桌。那么这背后又蕴含着什么样的规律和道理呢？有人说此乃物理学的牛顿力学第三定律：作用力与反作用力同时存在，方向相反。当我们击打桌子时，其实桌子也在击打我们。故老子曰："反者，道之动。"具体如图3－12所示。

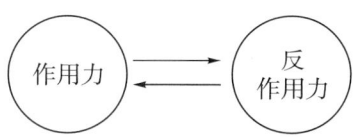

图3－12 作用力与反作用力

相比而言，人与人之间若能友好互助、和睦相处，则《礼记·礼运》所载"大同之世"自然来临。但实际上，物之不齐，人心不一，是以现实中总有人肆情纵欲、逞意妄为。请读者诸君设想，若有人欺负且打你一拳，你会做何反应？是毫不犹豫地反击？还是忍气吞声？抑或俟后报复……无论怎样选择，相信你心里一定有不平之气。

《春秋穀梁传》中尝有"不复仇而怨不释"之论。然仇恨循环往

复，冤冤相报何时休？故老子有"报怨以德"之论，欲中断仇恨循环链耳。然圣人孔子有"以德报德，以直报怨"之言。何谓以直报怨？人心至诚，则直道而行，率其天性而已。毛泽东尝有"人不犯我，我不犯人；人若犯我，我必犯人"之言，不亦直乎？

圣人安其性（天性），伟人率其性（天性），故皆直道而行。性者，天所命之于人者也，于义曰理。是故所谓天理者，实天性也。俗云"天理不容"，实"天性不容"矣。圣人、伟人明天理，是以直行之。但现实中，许多人委曲求全、迂回而行。何也？以其不明天理之故也。那么，如何理解众人与伟人行为之别？要在明天人之分矣。

我们要体验天理、天道，首先要厘清一些问题：天有哪些属性？天是否有心？若有，则在于何处？其实，天无处不在，蕴于万物之中，且天地对人和万物存一视同仁之公心。正如老子所言："天地不仁，以万物为刍狗。"天地为何不仁？因天地无心矣。

那么，如何确知天地无心？人类文明认为人乃万物之灵，譬如《礼记·祭义》尝有"天之所生，地之所养，无人为大"之论。若天地诚有心（有人心，有私心），必厚人薄物、区别对待。然观天灾猝发时，其又何尝厚待于人哉？可见，天地于人、物一视同仁，足以证天地"无心"。此"无心"者，实"无人心"也。故笔者尝论曰：人心有心，是谓私心；天心无心，是谓公心。以是观之，俗有"人有千算，天止一算，人算不如天算"之箴言，不亦宜乎？

诸位读者，审视过往记忆、体察当下己心，不难发现：人心皆有注意、思考、比较、计算、权衡、选择之功，古称之为"心"，当代语境下，则谓之"理智"（理性）。如何体会"天心"（无心、公心）与"人心"（有心、私心）的区别呢？

再次回到"击打木桌实验"的主题上。很明显，人与物的根本区别在于：物是无心、无意识的，而人则是有心、有意识的。实验中，有心之人击打木桌，木桌虽无心亦同步反击，此现象，自然科学名之为"作用力与反作用力"，人类社会则称其为"报仇、报应"。很显然,天无心,木桌亦无心,依据传统"人法天"的类比思维,由"木桌"如何待人,可类推出"天如何待人":是故人若逆天而行,天必反逆之;人若顺天而行,天必反顺之。一报还一报,不亦等乎?不亦公乎?对等者,公哉!是故天道至公,其心公焉。

民谚云:施人以恶,受人以恶,即恶有恶报,不亦公乎?反之,施人以善,受人以善,即善有善报,公矣。曾子曰:"出乎尔者,反乎尔者也。"亦公矣。以是观之,为人处世,不得作恶,当与人为善矣。故孟子曰:"爱人者,人恒爱之;敬人者,人恒敬之。"人心存仁敬,天理必反,至公矣。是故当我们切身体验到绝对之"公"时,"公"何以生"平",不言自明。具体如图3-13所示。

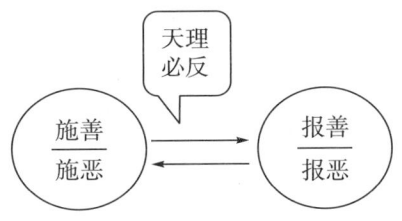

图3-13 "天理必反"之逻辑示意

天道无处不在,意味着一种公开、公正的存在。所有的自然规律皆属天道,于万物一视同仁,于善施善,于恶报恶,没有任何偏私。

孟子尝曰:"尽其心者,知其性也;知其性,则知天矣。"在这里,孟子揭示了"透过人心知人性"的方法与途径。简单地说,人性其实蕴于人心之中。古今同道,只是表述不同。孟子认为知性即知天,如何理解?为何中国人总说"公道自在人心"?人乃"天地所生",故与生俱来就被赋予了追求公正、公道的天性,此天性即为流淌在血液里的、蕴藏在骨子里的本能。而今之本能,昔谓之天性,其实一也。

(三)天性与人心

无论何时,我们都无法回避不公。而当不同的人遭受同样的欺侮时,有人奋起还击,有人隐忍退让,有人则自我安慰、一笑而过。事

实上,面对不公,我们难免感到不平或愤怒,此乃"性(天性)相近"之故。然而,不同的人从小到大所受教诲不同、价值导向不同、人生经历不同、身体条件不同、社会地位不同等,导致人们处理方式的差异,此乃"习(理智)相远"也。

可见,天性与理智并非一回事。天性者,人之所以为人之性也,乃孔子"性相近"之性也,亦《中庸》所谓"天命之谓性"之性也,亦孟子所谓"知性则知天"之性也,乃人追求公正、良善之本体,俗称天性。今名理智(理性)者,昔谓之心,其实一也。那么,性(天性)与心(理智)两者如何相处呢?

古人认为:天性不可泯,泯则人亡种矣。天性者,与生俱来也,好直恶枉,宁折而不弯,故亦名血性。然因人们自小被"教导"要理智、节制,如此,则难免会遏制天性(血性)而不得不权衡后再选择:要么忍让,要么屈服、投降……结果,"天性"一次又一次地被"心"(理智)压制或扭曲,久而久之,天性泯矣。

如此则人益柔弱。然弱而不知返其本,则弱者益众,众弱而望国之强,不亦难乎?昔汉唐盛世,血性尚武,及至两宋,重文抑武,其弱至于灭国,不亦宜乎?观近代中华之多艰,民众之殇,天性不亦近泯邪?是故"起来,不愿做奴隶的人们"之吼声,不亦欲唤醒吾人之血性?当今吾国何以益强哉?性已醒,人益强矣。故笔者尝论曰:儒者所存者,天理也,实天性矣;所遏者,非遏天性,实节情欲矣。何以节?以天理节之矣。

显然,泯灭天性固可悲,然激发天性亦可畏。读者一旦彻悟"天性相近"之道,便不难明白所谓"泥人也有三分性"之真理性,也就自然懂得"别欺人太甚,要给自己留后路"这一忠告的意蕴。故诫世人:勿侥幸,天理好还,反报己身矣;勿强梁,勿激人之"血性大发",祸矣。

至此,笔者结合前文个案之感受,综合天理实验之解析,简述关于古今人性的一些看法,具体见表3-1。

表 3-1　古今心性术语对应

	古之心性（今之个性）	
	天性（古谓之性）	理智（古谓之心）
心之所谓	天心	人心
心之公否	至公	好私
今之术语	本能（类似）	理性
意识层面（今）	无意（潜意识）	有意（意识）
算计否	不算计、不权衡、不选择	算计、权衡、选择
反应性质	直接性反应	控制性反应
反应顺序	第一反应	第二反应

纵观儒学流变，大体而言，人性一般包括心、性、情、欲等四个层面。其中心为主宰。此处略述"性"（天性）与"心"（理智）的关系。孔子"性相近也，习相远也"之论中，天性乃人性的共同基础，而习性则指个体的理智（心）与天性之间特有的互动模式（古谓之"心性"），久而久之便成习性（今名之"个性"）。孔子尝曰："少成若天性，习惯成自然。"可见，习性其实"类天性"。

另外，在传统学术中，有将人心分为两类，即天心与人心。所谓天心，即无心或曰不用心，实天性之另名也。人受到外界刺激后，一般是天性（天心）率先反应（第一反应），随后才是人心。很明显，在反应过程中，天性只依据"天道"（规律），不经过比较、算计、选择等环节而做出直截了当的反应。如上文个案中所提及的问题，大家的第一反应都是"不舒服"，此乃天性（或曰天心）的直接反应；后有"无所谓"的第二反应，则属于有意识的人心范围，其"无所谓"，或者属于"理智"不计较下的控制性反应，或者属于久而久之养成的习惯性反应。

不管是"率性而为"的直接反应，还是"理智选择"的控制性反应，都取决于个人受到的教育、成长环境与人生经历等因素，即"习相远也"。是故儒家教人修身，欲使天下人养成"天性（性）与理性

（心）和谐相处"的君子人格。

天理恒存，这一点无须赘言。我们所要做的，就是充分正视与弘扬它，只有这样，公道才能广大、开明地流行于天地之间。天理益昭昭，天下益太平矣。中国人，当志在天下，勇往直前。

王者，乐其所以王者也；亡者，亦乐其所以亡者也。

王者诚知之，乐福焉；亡者以为知，乐祸焉。

故曰：幸灾乐祸，此之谓也。

——《耳有子·人书·知论》

昔周幽王二年，西周三川皆震，伯阳父断之以"周将亡"，十一年幽王果灭，周乃东迁。

或问：何故耶？天灭之？人灭之？

答曰：天人之机也。

三川地震，其效若何？三川竭，岐山崩，皆天道也。

夫天地之气，不失其序则阴阳和调，是以风调雨顺，五谷丰登，百姓安其生也。

若过其序，阴阳相迫，则天灾至矣。

灾至，君民者若不明天人机变之所在，惊惧失政则民必乱，下乱则上益惧，政益失度，谓之重乱，国亡亦可期也。

今世汶川之震，灾民伤亡十数万，其害之烈，上世亦罕闻。然灾至国未衰，反至于上下凝心，本益固矣。

问：古今之灾，皆震也，缘何其果相悬若此邪？

曰：明、不明天人之机而已也。

何谓天人之机耶？

地震者，天灾也；民乱者，人祸也。

天灾至，万民皆恐，其心必乱，顺是则人祸必起。

是故天灾至于人祸，其机在心。

心者，天人嬗变之机也。

心感天灾则应，其应有二：

一曰，不明天人之机者，上自乱则下益乱，此谓以火救火、以动止动，乱益乱矣。

二曰，明其机者，上自定则下复定，此谓以水救火、以静止动，乱自消也。

审此亦知幽王无道而亡，不亦宜乎？

度此亦明今世诚有体道而行之者，国之复兴，宜矣。

——《耳有子·治书·心论》

昔郑伯杀子颓而复王，以其临祸忘忧而灭矣。

孟子云：生于忧患，死于安乐。

及后世贞观重臣魏徵"居安思危"之极谏，近世伟人以"糖衣炮弹"戒其下，皆明于道也。问：何故耶？

曰：夫道者，阴阳之本也。

阴阳之化而不息，故世谚云"人生无常"。

亦云"人有旦夕之祸福，月有阴晴之圆缺"。

是故不知道者，因其无常而逞其欲、享其乐，其祸及身亦未觉也，此子颓之所以灭。

故老子曰：福兮，祸之所伏，此之谓也。

夫知道者，虽处安乐盛世，犹如履薄冰，不敢不加心于细微之萌，以防其大害生也，此魏徵之所以谏其上。后世亦知魏徵少习道术，盛名岂虚哉？

夫不知道者，不知世之无常实有常也。

或问：无常、有常，何以明？

答曰：无常者，阴阳之化，道之象也；有常者，阴阳之机，道之用也。

众人皆见道之象，若不明其机之所在，则慨之以人生无常，亦不知避害防患。是以临祸忘忧、乐祸之谓，不亦宜乎？

故子华子曰：王者乐其所以王，知道也；亡者亦乐其所以亡，诚不知道，自以为知。

然知道者，知其机，明其用：

一在人心，故修身以道，以至喜怒哀乐不入胸次，以镜心照物而无己；

二在天时，故待时以兴，顺阴阳之变而推之，故功必成，名必兴矣。

或问：忧虑之生、安乐之死，何以明也？

答曰：忧患至则人心畏，畏则敬，敬则慎，慎则虑，虑则理，理则成，福焉，生焉。安乐享则人心懈，懈则怠，怠则慢，慢则矜，矜则卑人，人怒则反，祸矣，死矣。

故曰：明心见道，亦知成败、祸福、吉凶、生死皆系于机。

——《耳有子·治书·心论》

问：昔朱子与陆子辩于鹅湖，朱子尚博览群书，陆子唱发明本心，孰是孰非邪？

应之曰：其径二，其归一，皆可也。

设若吾之心无圣人之性，圣人之理岂能明哉？人同此

心，心同此理，吾与圣人同其本心而已。今之人，本心未发，是故多愚而非圣也。

或问：圣人与我同心，何谓？

答曰：同其本心，本心即天理，天理即天性，天性以诚而显。

故孟子曰：反身为诚，万物皆备于我，诚则性也。

论曰：今之人，读圣人之书，诚体圣人之心，明天人之道，两相参合，亦可圣矣。

——《耳有子·人书·心论》

史载舜之政，云"流宥五刑"。

问：何谓也？

马融曰：流，放也；宥，宽也。五刑，墨、劓、剕、宫、大辟。

孔安国云：以流放之法宽五刑也。

夫仁者之治，心不忍也，故不贵五刑，不得已而用之，必宥之而后可耳。

何以宥？辨其行，识其心，心行合者则刑之，心行离者则宥之。

郑玄云：三宥，一曰弗识、二曰过失、三曰遗忘。

何以明邪？

曰：三者之行，心皆不与焉，故宥之可也。

论曰：儒之诛，非戮其身，实诛其心也。诛心者，乃灭其邪念，终归于正也。

是故心正则行正，心邪则行僻。行若无心，虽过而不罪，何以诛焉？其宥，不亦可乎？

故曰：诛心正身，儒之道也。

——《耳有子·人书·心论》

治心者，治其阴阳也。

夫人之心，思变者也。阴变而阳，阳变而阴，一念之间，乾坤倒转也。

或问：何以明之？

答曰：昔前秦苻坚将八十万以伐晋，秦兵逼淝水而阵，晋将谢玄遣使至秦营，请秦阵少却，晋兵渡水而战。苻坚欲趁其半渡而击之，乃许之。秦军前后统属失当，令不通，前军退而后军惑之，忽闻阵后大呼：秦兵败矣。众皆以为真，遂大溃，不可复止也。晋兵趁机引兵渡水而追击之，大胜也。阵后呼"秦败"者，乃降秦晋臣朱序也。以一人之力，而屈八十万雄兵之心也。

故《孙子兵法》有言：攻心为上。此其证也。

——《耳有子·治书·治心》

或问：若不法天，将若何？

应之曰：不法天，上下无以同归于天道，是以上下系于势，媚顺而已矣。

何以明之？

《白虎通》曰：天子崩，臣至南郊谥之者，何？

以为人臣之义，莫不欲褒其君、掩恶扬善者也。

故之南郊，明不得欺天也。明哉！褒其君者，乃人之常也。若无天，君据于势，臣下无以诤之，是以谄谀之行盛焉。若无天，民据于势，上无以制之，是以顺民为非，媚俗焉。反之，若上下皆敬天而行，所谓"人在做，天在看"，孰敢昧天、欺天邪？

是故《荀子》曰：从道不从君，实天道先之，权势次之也。

论曰：上下无天，谀权媚势，必也。

——《耳有子·治书·法天》

或问：冬至日，王者休兵不举事，闭关商旅不行，何也？

应之曰：顺天之行，法天而治也。

何以明之？

冬至一阳生，夏至一阴生，天之道也。

故《易》曰：先王以至日闭关，商旅不行。

《白虎通》曰：冬至日，阳气微弱，王者承天理物，故率天下静，不复行役，扶助微气，成万物也。以此。

——《耳有子·治书·法天》

俗云"顶天立地大丈夫"，何谓？

应之曰：言大人之道也。

昔孟子言"大丈夫"之道，曰：居天下之广居，立天下之正位，行天下之大道。

得志，与民由之；不得志，独行其道。

富贵不能淫，贫贱不能移，威武不能屈，此之谓大丈夫。

后陆子曰：人须闲时思量：宇宙之间如此甚广，吾立身于其中，须是大做一个人。

何谓？二子之论，皆言人当体其大也。

——《耳有子·明儒·忠论》

或问：圣人至公，能无丝毫之私乎？

应之曰：以常人之意度圣人之心，必不一也。譬如夫子。

《论语》载子谓公冶长：可妻也。虽在缧之中，非其罪也。以其子妻之。

子谓南宫"邦有道，不废；邦无道，免于刑戮"，以其兄之子妻之。

是以宋儒有问于程颐曰：孔子以公冶长不及南宫，故以兄之子妻南宫，以己之子妻公冶长，何也？

程子答曰：此亦以己之私心看圣人也。凡人避嫌者，皆内不足也。

圣人自至公，何更避嫌？凡嫁女，各量其才而求配。诚明矣。

圣人至公，无有分别，是以一视同仁，在事言事，不避嫌矣。

俗云"以小人之心度君子之腹",不亦难乎?

论曰:己非圣也,岂知圣人之心乎?卑不言贵,陋不论道,可谓自知矣。

故曰:圣人至公,一视同仁。

——《耳有子·治书·公论》

昔象山先生曰:后世人主不知学,人欲横流,安知天位非人君可得而私?

问:何谓也?

应之曰:言天子法天而治,公而已,岂能背公就私焉?

天地无心,无情无欲,无私之谓也。

故慎子曰:天无私覆,地无私载,圣人无私治。

是故俗云"天子无私事",皆体天而已矣。

老子曰:公乃天,天乃道,道乃久,没身不殆。

反之,人君危矣,岂能久乎?

故论曰:公生安,私生危,天地之道也。

——《耳有子·治书·公论》

昔程子曰:人才有意于为公,便是私心。昔有人典选,其子弟系磨勘,皆不为理。此乃是私心。人多言古时用直,不避嫌得。后世用此不得,自是无人,岂是无时?

问:何谓邪?

曰:昔者,内举不避亲,外举不避仇,皆出乎公也。

公,何谓?理也。理不曲人,而人自曲尔。

故避嫌者，情也，非理也。

论曰：夫理者，人之所共也，故公。循之必直，是以不枉焉；情者，人之所生，故私。循之或枉，是以难直焉。

故曰：合理则公，曲理则私。

——《耳有子·治书·公论》

昔儒者有言：不以道进者，必不以道退；不以义得者，必不以义亡。

《大学》有言：言悖而出者，亦悖而入；货悖而入者，亦悖而出。

或问：何谓邪？

答曰：言人道好反，天理也。

故曾子曰：出乎尔者，反乎尔者也。此之谓也。

夫人，言行不及道，必妄而出之，人不受之，必反之也。

故曾子曰：恶言不出于口，烦言不及于己。

论曰：君子慎其所出，此之谓也。

——《耳有子·人书·反论》

或问：无为源乎自然，有为之本，何谓？

应之曰：无为源乎自然，有为本乎自是。何以明之？人之所以有为，为其所"自是"者也。然则老子曰：道可道，非常道。言人诚不知道，近道耳。

西人亦云"真理，可近之，然诚不可知矣"。故稽之以

"常道",人之"自是",合乎"常道"者,"诚是"焉;违乎"常道"者,"诚非"焉。

行其"诚是"者,利兴也;行其"诚非"者,害生矣。故曰:是非并存,利害兼生,为之故矣。

耳有子曰:无为者,顺乎自然,因而已,无我矣;有为者,顺自己,纵我矣。昔语云"因生道,纵生妄",宜矣。

——《耳有子·明道·自然》

圣人千世不常有,然狂者多有之矣。

或问:狂者,何以名之?

应之曰:其言"惟我",其行无人,不亦狂邪?

圣人则不然,譬如子,《论语》云"子绝四",其一"毋我",不亦谦邪?

狂比于圣,其同异,何谓?

圣之所以圣者,诚明"常道可近之,诚不可知"也,是以圣言其所知,止于其所不知。故子曰:知之为知之,不知为不知,是知也。此之谓也。

狂者则不然,不知"常道"之难知,亦不知其所知者"存其谬",常云"是我所言者,诚是也;非我所言者,诚非也"。

耳有子曰:圣者自知,是以"毋我"也;狂者自是,是以"惟我"矣。

孰是?孰非?自取耳。

——《耳有子·人书·知论》

或曰：世之或治或乱，以其或足或不足而致之也。何谓？

曰：足者有二，一曰物足，二曰知足也。

今世或"物质文明"，实欲物足耳；或"精神文明"，欲知足耳。

夫人之欲，无穷矣，若不知止，奢侈之风盛，则物不足，终归于争而乱矣。是故《盐铁论》曰：夫文繁则质衰，末盛则质亏；末修则民淫，本修则民悫；民悫则财用足，民侈则饥寒生。何谓？

夫本者，礼也，义也；末者，欲也，利也。是故儒者之治，实导人以礼，毋诱之以物；示人以义，毋悬之以利；教人以知足，毋诲人以多财，一也。故曰：王者以义为利，此之谓也。

——《耳有子·治书·足论》

或难曰：何以知足邪？

应之曰：治其心而已。

昔子曰：有国有家者，不患贫而患不均，不患寡而患不安。何也？

贫、寡者，物不足也；均、安者，心平则安也。

何以心安？心平气和，故心安也。

何以平哉？公则平也，故公平谓之均，非均分之谓平也。

故曰：王者治天下，公平而已。

——《耳有子·治书·足论》

或问：王者之治，足而已，然，孰本？

应之曰：王者之治，使民知足且物不匮也，知足为本，物以辅之，兼也。

何谓？知足则民心安，民安则太平致矣。

是故昔世之治，为人上者导民以德，齐之以礼，则民俗归厚矣。若义不先之，示民以利，则万民皆趋以利行，民俗薄矣。

故《盐铁论》曰："老子曰：贫国若有余。非多财也，嗜欲众而民躁也。"若物不足则财用匮，财用匮则国不备，不备则危，天下亦归于乱矣。

故曰：王者之治，兼足天下。

——《耳有子·治书·足论》

第四章　天理与儒学之礼

天理，无疑是儒学体系中最本原、最基础，也是最核心的原理，儒学体系的其他概念皆基于此而来。因此，要想明白儒学的本质，就必须清楚儒学诸概念与天理之间的关系。

那么，儒家学问体系为何如此？这种文化构成的背后又是什么呢？中华文化为何得以存续数千年而不灭亡？从哲学层面来看，儒家的整个学问体系及具体内容无疑具备真理性，否则她不可能具备跨越时间与空间的能力。比如，从时间上看，广义的儒学基本与中国文明同步，至今已历时数千载，即使期间难免势弱，如今依然可大步回归；从空间上看，儒学不仅仅存续于一隅，而是遍及整个中国，还辐射至东亚、东南亚等诸多国家。

所以，我们有必要深入传统文化的基本原理层面，透视中华文明的底层基础，真正把握住儒学的理论基石，做到既知其然，也知其所以然，如此，我们对庞大的儒家文化体系的认识必将豁然开朗，也才能真正体会其中之奥义。

《论语·阳货》曰：

子曰："性相近也，习相远也。"①

《中庸》开篇子思子曰：

天命之谓性，率性之谓道，修道之谓教。②

《孟子·尽心上》曰：

尽其心者，知其性也。知其性，则知天矣。③

《河南程氏遗书》中程子曰：

在天为命，在义为理，在人为性，主于身为心，其实一也。④

察圣人及诸子之言，辨诸义之微，可知：

天赋予（命）中国人者，谓之性（亦名天性、天理）；

遵循天性而行者，谓之道（亦名天道）；

弘扬和贯彻天道的，即儒（教）。

这，就是儒学知识体系的基石。

那么，儒家究竟是如何围绕天理（天性）而建构自身学问体系的呢？

众所周知，我国素来有"礼仪之邦"的称号，由此可见，礼在中华文明中的重要性不言而喻。那么，礼为何存在，又如何产生？其与天理之间又有着怎样的关系呢？本章就从这一角度出发进行论述。

第一节　礼者，天理也

礼乐文明是中国古代文明的重要组成部分。圣人制礼作乐，用以

---

① 杨伯峻：《论语译注》，中华书局，2006年，第204页。
② 〔宋〕朱熹：《四书章句集注》，中华书局，1983年。
③ 杨伯峻：《孟子译注》，中华书局，1960年，第301页。
④ 〔宋〕程颢、程颐：《二程集》，王孝鱼点校，中华书局，2004年，第204页。

彰明制度、美育风俗、安抚社会、教化人心。经过后人的承袭，礼乐制度日益完善，渗入国家的治理与行政行为之中，从细处看，也流露于人情往来之间。《礼记·曲礼上》云：

> 大上贵德，其次务施报。礼尚往来，往而不来，非礼也；来而不往，亦非礼也。人有礼则安，无礼则危，故曰：礼者，不可不学也。夫礼者，自卑而尊人。虽负贩者，必有尊也，而况富贵乎！富贵而知好礼，则不骄不淫；贫贱而知好礼，则志不慑。①

上古时，其民朴素天真，行率自然，无所用其心，是以德厚矣。然时移世易，民智渐开，其伪日萌，德遂衰，是以人之交往，乃求施报。施者，往也；报者，反也。是故施善报恩、施恶报仇，有施必有报，天理循环，必反矣。及至圣人出，忧世人不明天理而侥幸，作恶以乱天下，遂拟天理而制礼，导民以善而天下安。故礼尚往来，往而不来、来而不往，皆非礼也。所谓非礼者，实违天理也。譬如，己往之以礼，人不返（反）来之，己能无怨乎？反之，人来之以礼，己不往还（反）之，人又能无怨乎？人人相怨，天下何以安？是以礼之尚往来，不言自明矣。故后世儒者曰：礼者，天理也。此之谓也。具体如图4-1所示。

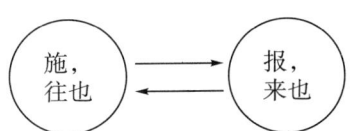

图4-1 "人际施报合于天理"之逻辑示意

中华文明是一种尚人的文明，人既是出发点，也是回归点。在这一过程中，人情往来作为人与人之间联系的主要形式和具体表现，由来已久。《诗经·大雅·抑》曰：

---

① 〔清〕孙希旦：《礼记集解》，沈啸寰、王星贤点校，中华书局，1989年，第10~11页。

投我以桃，报之以李。①

《诗经·卫风·木瓜》曰：

> 投我以木瓜，报之以琼琚。匪报也，永以为好也。
> 投我以木桃，报之以琼瑶。匪报也，永以为好也。
> 投我以木李，报之以琼玖。匪报也，永以为好也。②

他人送我以木桃，我报他人以琼瑶，这种回报不是一种单纯的报答，而是真心相求彼此永相好。这其中除恩义之外，自然符合往来施报的天理传统。

事实上，礼之往来，与天道契合。循环往复，周行而不殆，天之道也。天长也，地久矣。是故先王欲天下长治久安，必效法天地之道。故人道之礼，必象天而行，"有来必有往，有往必有来"，从而确保人际往来的连续性和可发展性。是以人情随着往来，益善益亲，终于天下一家，至矣。故孔子也有类似之叹。《礼记·礼运》曰：

> 大道之行也，天下为公，选贤与能，讲信修睦。故人不独亲其亲，不独子其子，使老有所终，壮有所用，幼有所长，矜、寡、孤、独、废、疾者皆有所养，男有分，女有归。货恶其弃于地也，不必藏于己；力恶其不出于身也，不必为己。是故谋闭而不兴，盗窃乱贼而不作，故外户而不闭。是谓大同。③

"人不独亲其亲"一句，就是一种以公理为准绳，以公心为考量的人情往来。那么，怎样才能做到"天下为公，是为大同"呢？儒者认为，天下之所以乱而争者，是纵情肆欲而遮蔽、泯灭天性而导致的。人行为的内在驱动力大致有四种。其一，源乎情，譬如喜则笑、怒则斗、哀则泣等。若循情而为，则谓之"肆"，故名"肆情"。其

---

① 周振甫：《诗经译注》，中华书局，2002年，第457页。
② 周振甫：《诗经译注》，中华书局，2002年，第93页。
③〔清〕孙希旦：《礼记集解》，沈啸寰、王星贤点校，中华书局，1989年，第582页。

二，源乎欲，譬如欲则得、欲则占有等。若顺欲为，则谓之"纵"，故名"纵欲"。所谓"肆""纵"者，不节制也，故又名"放肆""放纵"。其三，源乎性，譬如见老者倒地、幼童坠井皆有恻隐之心而欲救之，此行谓之"德"。其四，源乎习，习久若自然之性，今名之"习惯"也。具体见表4-1。

表4-1 人的行为来源、命名及属性

人的行为来源	行为命名	行为属性
情	肆——放肆、肆情	顺着自身心情与欲望、目的为己，故私
欲	纵——放纵，纵欲	
性	德——德行	率由良心与天性，非有心为己而自然，故公
习	习德则德，习肆则肆	可私可公

从表4-1可知，若要想天下归公，就必然要"务德"而"节制情欲"，这就是儒家倡导"克己复礼"的缘故，这在前文也已经讲到，目的在于用理性来节制自身。古代圣王体天理而制礼，力求推行礼治以教化万民，如此则所发之情中于理，所欲皆契于义，己之所行皆合乎礼，而天下之私一归于大公之心。具体如图4-2所示。

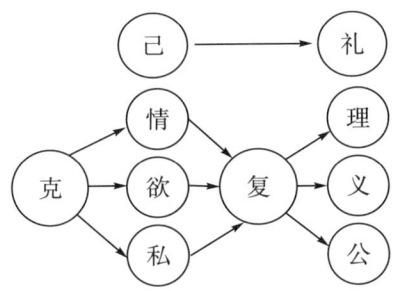

图4-2 儒家君子修身之逻辑示意

关于礼的治与用，《论语》中也有相关阐述。《论语·学而》曰：

有子曰："礼之用，和为贵。先王之道，斯为美；小大由之。

有所不行，知和而和，不以礼节之，亦不可行也。"①

有子说：礼的作用，以处事得当为要。昔日圣王治世，可贵之处就在于此。据此，大事小事都能处理得当。得当则人心安稳和谐，无混乱暴戾之风，天下人均守礼依礼而行，不出教化之外，而得以有先王之治也。

第二节 达天理者，礼敬天下也

《礼记》有云："夫礼者，自卑而尊人。虽负贩者，必有尊也。"事实上，中国社会自古以来便倡导"人之所以为贵，以其有信有礼"，"仁义礼善之于人也，辟之若货财粟米之于家"的价值取向，在今天，对于国人依然具有指导意义。

其实，传统价值导向一以贯之，那就是劝勉世人遵循天理天道，做循理向善之人，只是人们常被眼前的利益所迷惑，急功近利，最终误入歧途，受其害耳。

那么，该如何解决这些问题呢？唯有教人心中持一"敬"字。所谓"敬可全身"，全一己之身而无后患也，即处于"无远虑"亦"无近忧"的状态与处境。如此则身心皆安矣。那么敬于何处？《论语·季氏》曰：

> 孔子曰：君子有三畏，畏天命，畏大人，畏圣人之言。小人不知天命而不畏也，狎大人，侮圣人之言。②

为何君子要有所畏？畏生敬，敬生慎，慎生止也。君子明天理，知天命，唯有慎而顺之，不敢拂逆、放肆，恐祸患加于身。故有敬畏心者，乃能知止，是以守己。人无畏则无以惧，是以其行不慎，流于放肆矣。故儒家之礼，实敬人也。

---

① 杨伯峻：《论语译注》，中华书局，2006年，第8页。
② 杨伯峻：《论语译注》，中华书局，2006年，第199页。

何以敬？自卑而尊人也。何以明之？自卑者，非心之自卑，乃身卑之耳，施礼之故也。今人行礼，亦有点头鞠躬以致意者，便是沿袭"己身卑之"、尊敬他人之义。

天理在人心，谁敢过分？因此，人与人之间的交往，必须从敬开始，我谦卑敬人，他人有所感念必也持敬于我。如孟子所言："敬人者人恒敬之。"如此循环往复，则敬深存于人心，往来于人身。具体如图4-3所示。

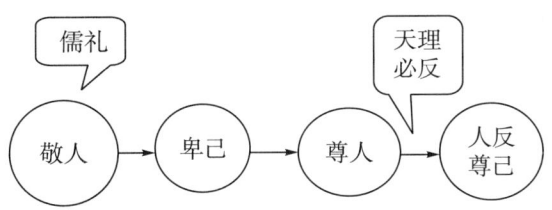

图4-3 礼敬他人者，人反敬之，天理也

因此，在日常生活与处事中，要时时处处念敬存敬。所谓"君子无所不敬"，以礼待人，持敬于心，所谓"君子修身以敬"，省怨远祸而全身矣。

第三节 天理诚可畏，世人当谨行

君子三畏，其旨在敬而已。相比于敬大人，民间则有对小人"敬而远之"之论。何故？昔者小人，往往指受教育较少、文明程度不高（理性不足）者也，举止粗野，故先秦尝以"野人"名之。其行率由天性（本能、直觉、激烈等）。与人交往，对方稍有"不敬"，其性不忍，其情易激，是以要么反击，要么报复。此乃睚眦必报者也，敢不敬之？诚可畏也。

（一）天理（公道）在人心，孰敢过分？

在儒家看来，何谓小人？《荀子·荣辱篇》曰："尧禹者，非生而具者也。夫起于变故，成乎修为，待尽而后备者也。人之生，固小人。无师、无法，则唯利之见耳。"《荀子·性恶篇》亦曰："今人之化师法，积文学，道礼义者为君子。纵性情，安恣肆，而违礼义者为小人。"荀子主张，君子应依礼而行，小人则肆情纵欲而动。试想，谁生来不是饿了即哭、困了即睡，孰能径直依礼而为哉？据此而论，无人生来即为君子，世人皆曾为"小人"。故在儒者看来，人之生，始而小人，唯有好学勤修，方能化成君子矣。

可见，敬小人，实敬人人矣。显然，君子与小人行为区别的源头，在于心中是否持敬、有所敬畏。那么，这里便又引申出一个问题，"敬"该如何度量呢？如何算敬？如何算"不敬"呢？毕竟人心不一，人与人之间的感受也不一。因此，儒家才要制定统一的礼仪，以弥合人与人之间的差异。

古代社会有礼，所谓"礼仪三百，威仪三千"是也。如今，规矩礼仪式微，唯持敬而已。故儒家倡导"君子无所不敬"，若诚敬之，自然谨小慎微，不敢过分、逾矩。

如何认识到自己"过分"呢？若他人对自己不敬、不顺，则可能为自己曾经"过分之举"所招致的报复。毕竟，"天理必反"，故君子求诸己，必先反躬自问。故《孟子·离娄下》曰：

> 君子所以异于人者，以其存心也。君子以仁存心，以礼存心。仁者爱人，有礼者敬人。爱人者，人恒爱之；敬人者，人恒敬之。有人于此，其待我以横逆，则君子必自反也：我必不仁也，必无礼也，此物奚宜至哉？其自反而仁矣，自反而有礼矣，其横逆由是也，君子必自反也，我必不忠。自反而忠矣，其横逆由是也，君子曰："此亦妄人也已矣。如此，则与禽兽奚择哉？于禽兽又何难焉？"是故君子有终身之忧，无一朝之患也。①

孟子认为，若有人以"横逆"之态度对待自己，君子当反省、检

---

① 杨伯峻：《孟子译注》，中华书局，1960年，第197页。

讨自身：是否存仁心、礼敬之心；若有仁礼之心，则应进一步检讨自己是否尽心（即"忠"）。可见，君子诚以仁敬待人，何来一朝之患？

人之所以"生事"，以其心不平而不安之故也。人之所以不平，乃因其遭遇"不公"之故。所以不公者，以其无礼也；所以无礼者，以其过分、逾矩也。在古人看来，做人做事要有规矩尺度，要恰到好处，这就是"中"。不中，即无"规矩""无礼"也。无礼即违背"天理""公道"，是以不公。须知："天理循环，报应不爽。"故《论语·颜渊》曰："非礼勿视，非礼勿听，非礼勿言，非礼勿动。"其实，"礼"乃规劝他人、保护自己最好的工具。故《礼记》曰："有礼则安，无礼则危。"此之谓也。

（二）谨小慎微者，防患于未然也

《道德经》尝曰："天下难事必作于易，天下大事必作于细。是以圣人终不为大，故能成其大。"可见，天下何尝有大事哉？均由小事积累以至矣。人世间的爱与恨亦是如此，所谓日久生情，积也；积怨成恨，亦积也。具体如图4-4所示。

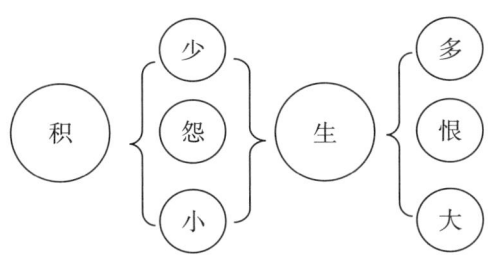

图4-4　积怨生恨之逻辑示意

观上图，不难体悟古人"千里之堤，毁于蚁穴"之忠告。平常些微小事中皆有隐患，若不谨而慎之，及时防微杜渐，其累积而成之恶果，大矣。其实，世间诸如朋友断交、夫妻离散、人际冲突等，皆"天理不容"所致也。

所谓天理不容，实天性不容也。天性不像理性（理智）完全受人心操控，而是无意识地遵循自身规律而行，其积累主要通过记忆的方式，记录着周遭的一切"不平"事：有恩记恩，有仇记仇。故世人常言"人在做，天在看"，实由天性在"记录"。除记录外，天性第一时间发出直接反应指令，如报恩报答、反击报复等。不过，多数反击报复指令受人心（理智）牵扯制衡，故世人多选择忍耐、退让或原谅。除原谅外，那些忍耐、退让等不平记忆，则从意识层面下沉为"潜意识"，类似一座沉睡的火山，实为潜在之隐患。

事实上，每个人的心中都有一杆秤。当遇到不平之事时，这杆秤便会倾斜，久而久之，便会导致状态的变化和破坏。具体如图4－5所示。

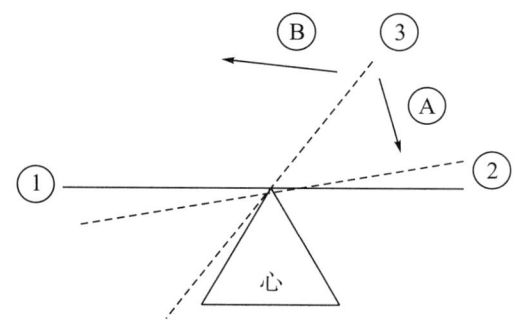

图4－5　积怨＝长期心理不平衡之积累

在图4－5中，①代表正常的、自然的心理平衡状态，此时人身心俱安、心平气和；②代表因遭遇不公而心有不平，此时人处于"有怨气、不舒服"的状态，自然就不安、郁闷；③属于严重失衡状态，多由上一阶段积累发展而来，达致"物极必反"的临界点，此时，其人貌似平静，实则宛如即将爆发的火山，易造成不可预知的后果。

在现实中，遭遇同样的"不公"之事，人们的反应却有不同，此因个体间的"忍耐度"（即临界点）差异较大。有人能忍（俗话说"对自己狠"），有人却不善忍。

如上图，在③的状态时，多数人的心理恐已严重失衡，积怨至深，则难安矣。但有人能继续忍受，朝B方向继续发展，最终走向崩溃、倾覆。当然也有人因小事触发（所谓导火索），于是发生了A

方向——"物极必反"的"心理复位"行为。所谓心理复位，即心理重新恢复平衡也。毕竟，天性至公而好平，心理不平则复其平，必反矣。该行为经常伴随一定的"破坏性"。此时，"理智"已无法节制"天性"（血性）的反弹。理智退位，天性爆发，恶果遂生，祸矣。

　　诸位，明天理（天性必反），能无畏乎？若能谨小慎微，礼敬他人，及时抚平人心，相安无事，祸患何有？

或问：不守规矩，难以为人，何也？

应之曰：不明规矩之所由，何以知人焉？

规以成圆，矩以成方；圆者天也，矩者地也，乃"天圆地方"之所谓也。规矩之所以守者，实循天地之道也。

《素问》有言曰：天地合气，命曰人。何谓？

天地生万物，人在其中焉，离乎天地之道，人岂能存乎？

俗云"逆天地者亡，顺天地者存"，此之谓也。

是故昔圣法天地之道，以制规矩礼仪，教人守而循之，实济人矣。

耳有子论曰：规矩由乎天，违之者则逆天，逆天之行，不亦危乎？

故俗云"无法无天"者，实违规矩也，非礼者也。

——《耳有子·治书·天论》

鲁语传，夏父弗忌为宗，蒸将跻僖公。

宗有司曰：非昭穆也。对曰：我为宗伯，明者为昭，其次为穆，何常之有？

谬矣，夏父氏！礼无常，何以成礼？权行而无常，何以长保？不明治之道，大悖也！

论曰：夫礼者，治之具也，王者明天人之分，遂制礼以成治，谓之礼治。

今夏父弗忌者，有司者也，非王者而擅变礼之度，其行悖礼犯上，明矣。

王者制礼，有司习而守焉，岂敢擅变之邪？若此，礼行无常，民何以治哉？

是故曰：有司变礼之行，实教民犯而不顺，国乱不亦可乎？

或问：夏父氏言礼"何常之有"，何以国之乱耶？

答曰：夫礼，常则信，信则治，不明治之本，不乱何待？吾尝论之。

夫宗庙之有昭穆也，以次世之长幼，而等胄之亲疏也，是故昭穆者，祀之礼也。夫祀者，昭孝也，各致斋敬于其皇祖，昭孝之至也。故祀之礼者，以长幼、亲疏为度，非以明为差，明矣。夏父氏之言，实擅变礼之度，以有司之位而行王者之实，其悖礼犯上，亦明也。

昔鲁宗有司曰：今将先明后祖，自玄王以及主癸莫如汤，自稷以及王季莫如文、武，商、周之蒸也，未尝跻汤与文武，为不逾也。入鲁未若商、周而改其常，无乃不可乎？诚明礼之常也！若礼以明为度，玄王、主癸岂若汤哉？稷、王季岂若文武哉？祀之礼者，以长幼、亲疏为度，岂可擅变邪？

夫祀礼者，以长幼、亲疏为度，王者制礼而身先服之，有司亦习而守之，是故民皆效其上，亦皆服之。今先王之礼，后王之有司不习、不守之以常，反擅权以变之，其行非顺，乃逆而犯其上，是教民以犯而非顺其上也。其罪大矣。

或问：夫礼之行，贵其常也。何谓邪？

答曰：王制礼而有常行，且身先服之，则民信其上。王教民以礼，民久行之则成习，养民之顺也。信者，政之本也；顺者，政之归也。

若礼无常行则民疑而不信，民不信则礼不行，礼不行则顺不养，不信不顺，则上之政令，何以行之哉？

今夏父氏云"何常之有"，不明治之本而妄作，不刑以重罪，其渐之祸足以害国矣。

故曰：礼贵常，常则信，信则治，此之谓也。

昔子贡问政于孔子，子对曰：足食，足兵，民信之矣。子贡曰：必不得已而去，于斯三者何先？曰：去兵。子贡曰：必不得已而去，于斯二者何先？子曰：去食。自古皆有死，民无信不立。

诚明政之本，夫子！礼无常，民何以信？圣人之名，岂虚至哉！

或难曰：夏父氏为宗伯，变常作度乃合其分，何必非之哉？

应之曰：不明权之守也。曷守？守其常，权可长保也。

昔夏父氏言昭穆无常，而宗有司非之，展禽诚之曰：夏父弗忌必有殃。亦曰：其行犯鬼道二，犯人道二，能无殃乎？诚贤哉，柳下氏。

夏父氏，鲁之宗伯也。宗伯者，爵也，位也，官也，权也，事也，禄也，富贵之具也。上世皆云"求富贵不易，保富贵益难"。

问：何以富贵难以长保哉?!

曰：易于任性而为，难以慎行其权也。

夫有司者，为上者命之以爵位，授之以官，权之以事也。有司循礼而行其权，是故上体君政，下教民以顺，上下皆得，故能长保其位，富贵亦可久长矣。

若有司不循礼，而顺己之意、欲，妄变礼之常，其行悖礼犯上，亦示民以不顺，为上者必刑之以罪，命且不保，何言富贵哉？

是以有司者，循礼守职，富贵可久；悖礼妄作，性命难保。

故曰：守其常，慎行权，治之道也。

或问曰：儒者尚常行，曷耶？

应之曰：常则信，信则立也。

问：今世云"无常小人"，何谓？

曰：夏父弗忌者，无常小人也。

小人之行，逞其欲，纵其情，非必循礼也。若礼非必顺己，必变礼之常以适己，此乃今世"修改规则"之所谓也。

是以小人行其权而逞其欲，必坏礼之常。

夏父氏曰"何常之有"，此其证也。

《易·否》云：小人道长，君子道消。何谓？小人之道者，无常之行也，世之礼，坏矣。天下归于乱，不亦可乎？

问：何以无常则乱邪？

曰：无常之行，孰能信邪？民无信其上，政何以行？是以儒者言天下之治，必俟君子，以其常行而民信之矣。

昔子曰：敬事而信。亦曰：人而无信，不知其可也。曷？夫子言信可立身矣。然人何以信哉？以其常行也。常行者曷？礼也。

故夫子曰：不知礼，无以立也，此之谓也。夫礼，度行之具者也；具者，规矩也，常也。人而无礼以度之，何谓常耶？

君子者，行礼之所谓者也，是以君子行皆由礼，故君子之治，常而民信之矣。

问：民信君子乎？信礼乎？曰：信其身礼合一也。

夫子曰：上好礼，则民易使也。夫子言上行礼而守常，民信之而养其顺，故易使也。

论曰：君子有常，以其礼，以其义也；小人无常，以其欲，以其情也，是故情欲无常而礼义有恒。常则信，无常则疑，因其所定、所止也。

问：天不言而民皆信其真，曷耶？

曰：以其昼而夜、夜而昼，周行而不改其常也。

故论曰：常信之道，本乎天，定乎君子，乱乎小人，此之谓也。

——《耳有子·明儒·礼治》

子曰：以礼会时，虽以此省怨而乱不作，丘未知其可以为远灾也。

何故邪？所谓怨者，不平之气结于心也。

夫礼者，敬让也。敬者，卑己而尊人，则人怨自衰；让者，不争而相援，以至乐生，怨自减矣，是以省怨而乱不作也。

然灾者，天之杀也，非人之所豫。故虽礼敬天，天犹不应而灾自至，人将奈何？徒呼天耶、天耶？是以与其祭天而期以远灾，不若敬人以省怨也；与其怨天之不仁，不若安时而处顺也。古有杞人忧天者，今有怨天忧灾者，而怨、不怨、忧、不忧天，其实一也，天不因人之怨忧而亡其灾。

故知天者，无怨无忧；知人者，省怨省忧。怨忧皆省，则无祸矣。祸者，人怨之极也。

——《耳有子·人书·命论》

昔者圣人制礼，世人守之。然世之礼，未必皆制于圣也，必有非礼之礼存焉。

何以明之？

譬如曹操，俗以为操非儒者，然吾未必然也。

建安二十一年春二月，操行春祠，尝令曰：临祭就洗，以手拟水而不盥。夫盥以洁为敬，未闻拟而不盥之礼，且祭神如神在，故吾亲受水而盥也。

明矣！曹氏非圣人，亦近之矣。

或问：何也？

答曰：昔子云"祭神如神在"，言祭贵诚也。

儒者言礼，有文质焉。夫诚者，天之道也，礼之质也。

敬者，礼之文也。诚敬之，实礼也；弗诚之敬，虚礼也，故流于伪。曹氏之行，以实质虚，以诚矫伪，匡世之道也。

故论曰：弗诚，无以礼。

——《耳有子·明儒·礼论》

昔楚汉之际，魏王豹怨项羽弗公，遂畔而附汉，共击楚于彭城，汉王败，豹归而畔汉，刘邦使郦生往说之，豹谢曰："今汉王嫚侮人，骂詈诸侯群臣如奴耳，非有上下礼节，吾不忍复见也。"

或问：何谓也？

应之曰：夫豹者，故魏诸公子也，知礼者也。邦者，起于田亩，农夫耳，陋矣。以习观之，豹尝习礼，邦无所学之，其行之鄙，宜也。

夫人之交，礼之往来，久矣。然施人以礼，人反慢之、侮之，孰能忍？

耳有子论曰：昔圣人体天道而制礼，以效公道也。

是故礼者，皆天理也。夫天理，天性者也，必反矣。

今邦无礼，嫚侮臣下，臣下反畔之，不亦宜乎？

故曰：无礼者，逆天也。

——《耳有子·明儒·礼论》

汉文帝时，贾谊上书言治道。

尝曰：凡人之智，能见已然，不能见将然。夫礼者，禁于将然之前；而法者，禁于已然之后。

是故法之所用易见，而礼之所为诚难知也。

问：何谓邪？

曰：贾子言治之要，诚明矣。

何以明之？

曰：夫治之要，务本，非逐末也。然世人多短视，无以知远，是以逐末者多，唱"法治"者亦众焉。

昔者秦以法兴，亦以法灭，汉不识其深害，袭秦之制，如故焉。贾子知至治之道，是以力谏之。至治者，治之至也。

问：何以明之？

曰：昔子曰：听讼，吾犹人也，必也使毋讼乎！何谓？

子唱礼治，尚德教也。子尝曰：道之以政，齐之以刑，民免而无耻；道之以德，齐之以礼，有耻且格。上兴礼则民知耻，知耻而后知止，知止而后能善矣。

故贾子曰：礼贵绝恶于未萌，使民日迁善而天下治矣。

论曰：常人尚法治，其见浅近也；圣贤尚礼治，以见深远矣。已然者，明也，阳之属；将然者，暗也，阴之属。道阳知阴，知道之谓也。

故论曰：知道者由礼，无知者纵法。

或难曰：法治者众，礼治者寡，不亦悖乎？

曰：不然，知道者寡，无道者众耳。

今世亦有言："真理，知之者寡矣。"

比而言之，贾子尝论曰：安者非一日而安也，危者非一日而危也，皆以积渐然，不可不察。

人主之所积，在其取舍。以礼义治之者，积礼义；以刑罚治之者，积刑罚。刑罚积则民怨背，礼义积则民和亲。

问：何以明之？

曰：俗谓"冰冻三尺，非一日之寒"。反之，不积弗成者，皆道也。

是故安天下者，非一日之功也。积所以安之者，天下渐安；积所以危之者，天下渐危矣。

故贾子亦曰：道之以德教者，德教洽而民气乐；驱之以法令者，法令极则民风衰。哀乐之感，祸福之应也。

天下之民善而乐，反言天下危乱，不亦谬乎？

——《耳有子·人书·治论》

夫礼者，止之道也。

昔老子曰："知足不辱，知止不殆，可以长久。"

或问：何谓也？

应之曰：知止者，远害也。

西汉时，汉文帝幸上林，皇后、慎夫人从。其在禁中，常同坐。及坐，中郎将爰盎引，却慎夫人坐。慎夫人怒，不肯坐。汉文帝怒，起。

盎因前曰："臣闻：尊卑有序，则上下和。今陛下既以立后，慎夫人乃妾，妾主岂可以同坐哉？且陛下幸之，则厚赐之。陛下所以为慎夫人，适所以祸之也。独不见'人豕'乎？"

文帝悦，慎夫人赐盎金五十斤。

汉初,高祖幸戚夫人,厚矣。及崩,吕后削其四肢而云"人彘",且鸩其子如意,其祸之所以生者,以高祖过礼宠其妾,吕后安能无妒邪?

爱盎之谏,慎夫人焉能不畏而止哉?向使戚夫人知止,尊吕而已卑之、后之,祸安来?

故论曰:夫礼者,止人之行也。人皆知止而相敬,和自至焉。

有子曰:礼之用,和为贵。欲人之和,非礼,何所由之哉?

——《耳有子·人书·止论》

昔孔子有言:君失政则反,非天是反,人自反。

问:何谓邪?

应之曰:失政者,政出自家门,专已而非好善若流之谓也。古云:兼听则明,偏信则暗。专已者,偏信已之知能耳。岂不闻慎子之言:"廊庙之材,盖非一木之枝也;粹白之裘,盖非一狐之皮也;治乱、安危、存亡、荣辱之施,非一人之力也。"

故论曰:君民者,实据天下无匹之位,未必兼有天下之知能也!

兼听者,兼及阴阳,故知阴知阳,两以明;偏信者,或阳或阴,故知阳不知阴,知阴不知阳,一以暗矣。阴阳者,君民者,上下者。政出自家门者,知君不知民也,故偏;偏而无以制则不知止,故极。极则远,远则反,是以物极必反,

物盛必衰。孰反耶？天反乎？人反也！民谚曰：兔急咬人，狗急跳墙。极政者，君苛民者也，民急焉。民急则何为？反动也。岂不闻老聃"民不畏死，奈何以死惧之"之戒？

故论曰：上苛下反，势必矣。

《黄帝四经》曰：苛而无已，人将杀之，此其证也。

——《耳有子·治经·反动》

昔周公辅文、武、成三王而定天下，袭上古圣帝之治道，体天人之心，遂制礼作乐，天下归于大治。

然礼之兴，本于何也？礼本于天也。黄帝以天定人之道，其要在乎发人敬畏之心。

夫礼者，敬让也。所以敬者，以其畏也。不畏，何以敬邪？不畏，何以慎邪？不畏，何以顺邪？

故曰：礼之敬者，畏也，慎也，顺也。

——《耳有子·明儒·礼论》

或问：中生和，何也？

应之曰：《中庸》曰：中也者，天下之大本也。和也者，天下之达道也。阳明先生解曰：中，只是天理。

耳有子曰：天理者，天下之所共也，是以人不争，故无不和；人欲者，私利也，人争焉，故有所不和矣。

故曰：无不和者理，有所不和者情。

——《耳有子·明儒·中庸》

或问：敬之于中庸，何以明之？

应之曰：世俗云"恭敬"者，言其二，曰恭而有礼，曰敬而无失也。何以明之？恭则顺人，过则流于谀也；敬则卑己，过则贱也。

是故世俗曰"不卑不亢"者，中庸之谓也。何以致之哉？故敬而无失其礼，恭而有礼，则无过亦无不及，中庸也。

故张子曰："敬而无失"，与人接而当也；"恭而有礼"，不为非礼之恭也。言礼则中庸也。

故曰：敬而中庸，礼也。

——《耳有子·明儒·中庸》

或问：小人反中庸，何以明？

昔子华子曰：小人恣睢，好尽物之情而极其势，其受祸也必酷矣。何谓？

子华子又曰：小人好尽，则远于中矣。远于中则必窘于边幅而裂矣，必触于岩墙而僵矣，必坠于坑堑而亡矣，如以石而投之于渊也，不极则不止矣。

悲哉！务极必反，祸不远矣。俗云"乐极生悲"，言情尽则反，难继焉。

故曰：务尽不中，是以难终矣。

——《耳有子·明儒·中庸》

昔老子曰：方而不割，廉而不刿，直而不肆，光而不

耀。何谓也？

韩非子解曰：所谓方者，内外相应也，言行相称也。所谓廉者，必生死之命也，轻恬资财也。所谓直者，义必公正，公心不偏党也。所谓光者，官爵尊贵，衣裘壮丽也。今有道之士，虽中外信顺，不以诽谤穷堕；虽死节轻财，不以侮罢羞贪；虽义端不党，不以去邪罪私；虽势尊衣美，不以夸贱欺贫。

夫人修身至于"方、廉、直、光"者，是谓"严于己"也；"不割、不刿、不肆、不耀"者，是谓"宽于人"矣。

宽于人者人不怨，是以远祸矣。老子云"和其光"者，实不耀于人也。

故耳有子曰：务己非务极，执中而行，得道矣。

——《耳有子·明儒·中庸》

第五章　天理与儒学之义

古之义士，依天理而行，岂虑利害哉？

林则徐曰："苟利国家生死以，岂因祸福避趋之！"《论语》亦云："君子之于天下，无适也，无莫也，义之与比。"① 君子之行，行其义也。而孟子则直接说："大人者，言不必信，行不必果，惟义所在。"② 可见，中华文明的底色，义耳。

第一节　何谓义：合天理则义，违则不义

所谓义者，循天理而行，宜也。

春秋末年，晋国人豫让先为范氏家臣，后为中行氏家臣，皆不受重用，默默无闻。后为晋国正卿智伯家臣，智伯善待之，乃受重用。其后韩、赵、魏三家联手，在晋阳之战中击败智氏。智伯兵败身死，三家遂分其地，晋国亡。赵襄子因恨极智伯，将智伯头盖骨涂上油漆

---

① 杨伯峻：《论语译注》，中华书局，2006年，第40页。
② 杨伯峻：《孟子译注》，中华书局，1960年，第189页。

制成饮具。豫让以所受恩遇誓为智伯报仇,屡次行刺赵襄子,无奈均失败,赵襄子贤其义,皆放之。

之后,豫让为了防止赵襄子认出自己,便以漆涂身,改易容貌,吞下炭火,变换声音,其音其形均大异于前,以扮成街头乞丐寻找机会,然行刺终归于败。赵襄子再次释放豫让时,豫让知不能再图行刺之事,便请求赵襄子让其衣服,由他斩杀三次,以示为主复仇,随后伏剑自杀。

其时赵襄子尝问:你曾经侍奉过范氏、中行氏,但智伯均将他们消灭了,你不仅不为他们报仇,反托身为智伯家臣,现在又为何要为智伯报仇呢?豫让答曰:"臣事范、中行氏,范、中行氏众人遇我,我故众人报之。至于智伯,国士遇我,我故国士报之。"

豫让之行,知恩图报,义也。众人报众人,国士报国士,施报往来对等,合乎天理而宜,义也。豫让之所以不为范氏、中行氏报仇,是因为范氏、中行氏当初以普通(众人)待遇待豫让,其报答与待遇相匹配,亦义矣。

显然,豫让之行体现了"义"的核心本质:施与受、往与来、付出与回报的"对等"原则。唯有"对等"乃宜,义也;不对等,弗宜哉,非义也。《吕氏春秋·先识览·察微》有言曰:

> 鲁国之法,鲁人为人臣妾于诸侯、有能赎之者,取其金于府。子贡赎鲁人于诸侯,来而让不取其金。孔子曰:"赐失之矣。自今以往,鲁人不赎人矣。"取其金则无损于行;不取其金,则不复赎人矣。"子路拯溺者,其人拜之以牛,子路受之。孔子曰:"鲁人必拯溺者矣。"孔子见之以细,观化远也。①

子贡只付出而不求回报,其行固高,然而违背天理往来的对等原则,于国不宜,诚不义也,故孔子责其失。反之,子路救落水者而受

---

① 冀昀主编:《吕氏春秋》,线装书局,2007年,第362页。

报答，符合付出与回报的对等原则，合乎天理，宜（义）哉！故孔子是之。

从"义"的对等原则来解析，豫让欲报智氏知遇厚待之恩，故替智伯报仇，但一再失败以至于报恩无望，若只受恩而不报恩，良心不安，唯有以命相报，乃得其安，此豫让"舍生取义"之故也。

做人要心安理得。但心如何能安？孔子之言，或使人昭昭。《论语·阳货》载孔子之迹曰：

> 宰我问："三年之丧，期已久矣。君子三年不为礼，礼必坏；三年不为乐，乐必崩。旧谷既没，新谷既升，钻燧改火，期可已矣。"
>
> 子曰："食夫稻，衣夫锦，于女安乎？"
>
> 曰："安。"
>
> "女安，则为之！夫君子之居丧，食旨不甘，闻乐不乐，居处不安，故不为也。今女安，则为之！"
>
> 宰我出。子曰："予之不仁也！子生三年，然后免于父母之怀。夫三年之丧，天下之通丧也，予也有三年之爱于其父母乎！"[①]

古代中国传统丧礼的原则是为父母守丧三年。宰予向圣人发问，以为守丧三年之期过长，若三年不为礼乐，则礼崩乐坏，守丧一年即可。孔子问宰予"心安否"，宰予言安，故孔子以为宰予"不仁"（薄情也）。何也？

孔子认为，孩子出生三年后方能离父母之怀，故孩子为父母守丧三年乃天下之通则，不过报父母深恩而已。孔子之言亦体现天理往反的对等原则。若有恩不报，世人则曰"忘恩负义"。宰予报恩不足，不义而安，实不对等也。

---

① 杨伯峻：《孟子译注》，中华书局，1960年，第212页。

"对等"意味着什么？对等即合天理，即公平，即正义。故曰：公平正义，一也。《孟子·离娄下》曰：

> 孟子告齐宣王曰："君之视臣如手足，则臣视君如腹心；君之视臣如犬马，则臣视君如国人；君之视臣如土芥，则臣视君如寇仇。"①

综上所述，则不难领悟，何谓义？义者，合乎天理而宜者也。何以宜？对等也。故曰：义者，宜也。

孟子以君臣关系劝谏齐宣王，其实一国之政如此，人与人之间亦如此，天理人情往来，据此施彼矣。

关于义，儒家有一个重大的话题：义利之辨。对此，《论语》中多有论及。《论语·述而》曰：

> 子曰："饭疏食饮水，曲肱而枕之，乐亦在其中矣。不义而富且贵，于我如浮云。"②

《论语·宪问》曰：

> 子路问成人。子曰："若臧武仲之知，公绰之不欲，卞庄子之勇，冉求之艺，文之以礼乐，亦可以为成人矣。"曰："今之成人者何必然？见利思义，见危授命，久要不忘平生之言，亦可以为成人矣。"③

《论语·宪问》曰：

> 子问"公叔文子"于公明贾曰："信乎？夫子不言，不笑，不取乎？"
>
> 公明贾对曰："以告者过也。夫子时然后言，人不厌其言；乐然后笑，人不厌其笑；义然后取，人不厌其取。"

---

① 杨伯峻：《孟子译注》，中华书局，1960年，第186页。
② 杨伯峻：《论语译注》，中华书局，2006年，第80页。
③ 杨伯峻：《论语译注》，中华书局，2006年，第168页。

子曰:"其然?岂其然乎?"①

《论语·季氏》曰:

孔子曰:"君子有九思,视思明,听思聪,色思温,貌思恭,言思忠,事思敬,疑思问,忿思难,见得思义。"②

从《论语》中我们可以看出,孔子对于所谓的义利关系,态度十分明确:

——不义而富且贵,于我如浮云;

——见利思义;

——义然后取,人不厌其取;

——见得思义……

一个真正的君子,从来"不苟得",所谓"君子爱财,取之有道",此道者,义也。因此,见利忘义者,皆小人也。为何如此?君子明理,是以不妄为;小人昏沌,故侥幸而苟且。故《论语·里仁》曰:"君子喻于义,小人喻于利。"

在市场经济的今天,商人牟利,无可非也。唯可非者,以其"忘义、害义"也。古之商人者,其从商准则即"买卖公平,童叟无欺"。公平即对等,合乎天理,自然合于义。所谓"见利忘义"者,唯谋一己之利而不顾人之利也。简言之,即只考虑自身利益最大化,而没有考虑交易双方的对等原则。更有甚者,采用违法手段来侵占他人之利,此乃"以利害义",诚不义矣。不义者,天理不容也,终必有报哉。故曰:不义而能久者,未之有也。岂不闻"多行不义必自毙"之诫乎?

---

① 杨伯峻:《论语译注》,中华书局,2006年,第168~169页。
② 杨伯峻:《论语译注》,中华书局,2006年,第199~200页。

第二节　公私分明，秉公执义，大人之道

人活于天地世间，究竟以何处身、处事？义也。《孟子·梁惠王上》开篇明义，曰：

> 孟子见梁惠王。王曰："叟！不远千里而来，亦将有以利吾国乎？"
>
> 孟子对曰："王！何必曰利？亦有仁义而已矣。王曰，'何以利吾国？'大夫曰，'何以利吾家？'士庶人曰，'何以利吾身？'上下交征利而国危矣。万乘之国，弑其君者，必千乘之家；千乘之国，弑其君者，必百乘之家。万取千焉，千取百焉，不为不多矣。苟为后义而先利，不夺不餍。未有仁而遗其亲者也，未有义而后其君者也。王亦曰仁义而已矣，何必曰利？"①

很显然，尚利之弊，孟子诚明之矣。若为上者重利而轻义，即所谓"先利后义"，则国危矣。何故也？餍，食饱、满足也。若国先之以利，人皆自利，是以不争不夺则不止。人所争夺者，利耳，非义也。义者，宜也；非义者，则不宜也。何以不宜？以其逆天理也，逆天而行，焉能久？害莫大焉。

两千多年后，孟子之论于今世，如何？吾人深受西方经济学思想熏染，其中，以"理性人假设"（经济人）为最。其所谓"在经济活动中，人皆自利、以最小代价而谋最大回报，乃趋利避害之理性选择"等论，众皆以为然。于是，"自私自利"之风行于世，故有"见利忘义之精致利己主义者日众"之叹，时贤多忧之。

义与利，何所取哉？兼取之也。何以明？《史记·货殖列传序》尝曰："天下熙熙，皆为利来；天下攘攘，皆为利往。"可见，人之欲

---

① 杨伯峻：《孟子译注》，中华书局，1960年，第2～3页。

利，性之常也。因而导之，国可以富矣强矣，仁义亦可以彰。昔春秋第一霸齐桓公宰相管仲尝有"仓廪实而知礼节，衣食足而知荣辱"之论，与儒家"先富后教"同归。《论语·子路》曰：

> 子适卫，冉有仆。子曰："庶矣哉！"
> 冉有曰："既庶矣，又何加焉？"曰："富之。"
> 曰："既富矣，又何加焉？"曰："教之。"①

昔儒者以仁义教人，是故君子之于天下，义之与比，岂利哉？至今世，义理不彰，天性不明，随西人而言理性，实逐利尚私，皆云人性私，与国体尚公，反矣。若世人不明公私之源、义利之本，于身于国，危矣。

（一）义利探源：性与欲、公与私、善与恶

何以明？昔者语曰："人皆好义，然而不能为之者，利害之也。"故《史记》有"利令智昏"之叹，今有"利欲熏心"之讥。故欲知义利之本，必探其源。《礼记·乐记》曰：

> 人生而静，天之性也；感于物而动，性之欲也。
>
> 物至知知，然后好恶形焉。好恶无节于内，知诱于外，不能反躬，天理灭矣。夫物之感人无穷，而人之好恶无节，则是物至而人化物也。人化物也者，灭天理而穷人欲者也。于是有悖逆诈伪之心，有淫泆作乱之事。是故，强者胁弱，众者暴寡，知者诈愚，勇者苦怯，疾病不养，老幼孤独不得其所。此大乱之道也。
>
> 是故先王之制礼乐，人为之节。②

何谓？言人性之要也。人性由心、性、情、欲组成。夫人之生，先有性，此性乃孔子所谓"性相近"之性，亦《中庸》开篇"天命之谓性"之性，是谓天性（亦名天心）；其次有"心"，故"物至"而能

---

① 杨伯峻：《论语译注》，中华书局，2006年，第153页。
② 〔清〕孙希旦：《礼记集解》，沈啸寰、王星贤点校，中华书局，1989年，第984~986页。

"知",是谓人心;其次有"情",是谓"人情",于是表现出自身"好"(喜欢)"恶"(讨厌);若对情感不加节制而放任之,"欲"便自然产生。譬如,人好之则欲近之、亲之而欲得之,得之则乐生,不得则苦生;反之,人恶之则欲远之、疏之而弃之。若世人肆情纵欲而无节,天性泯,天理灭,终亡其身矣。故先王依天理而制礼乐,以节情欲,天下遂安。

以是观之,厘清儒学的基础概念,则有:天与人、天理与人情、天性与人欲、义与利、公与私、善与恶、群体与个人、天心与人心,皆一一对应矣。具体如图5-1所示。

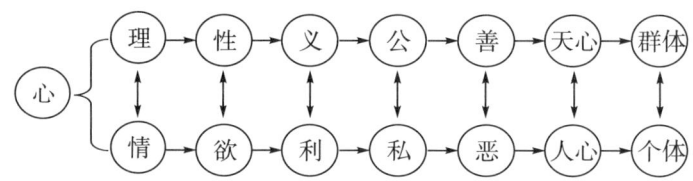

图5-1 性欲、公私、义利之逻辑示意

天命于人曰性,于义曰理,于天曰命,主于身曰心,其实一也。故张子尝曰:"性者理也,性是体,情是用,性情出于心,故心能统之。"朱子曰:"心统性情,此之谓也。"此乃先秦儒家所宣扬的礼节情欲,诚华夏道统之要义。

人性之善恶、公私之争,学术史和民间各执一端,莫衷一是,若如上图所示,则可探究竟之所在,其争亦可弭矣。人有私心,亦有公心。公心源乎天性,亦名天心,所谓"公道在人心"也,即人人皆有追求公正、对等之心。此乃公心,孰能无哉?无公心,即无天性,即无天理,岂有人哉?天性者,公义之源也,善之本也。故孟子言人性善,亦弘义矣。

私心源乎情欲,人之情、欲,皆私焉。欲者,利之源也。何以明?昔荀子尝有"今人之性,饥而欲饱,寒而欲暖,劳而欲休,此人之情性也"之论。以是观之,荀子不明性欲之别,混淆天性与人欲矣,故亦有"今人之性,生而有好利焉,顺是,故争夺生而辞让亡焉；生而有疾恶焉，顺是，故残贼生而忠信亡焉；生而有耳目之欲，有好声色焉，顺是，故淫乱生而礼义文理亡焉。然则从人之性，顺人之情，必出于争夺，合于犯分乱理，而归于暴。故必将有师法之化，礼义之道，然后出于辞让，合于文理，而归于治。用此观之，人之性恶明矣，其善者伪也"之论。

可见，荀子之所以言性恶，以其只知人欲而不明天性，陷于"性"恶而不自知，故荀子尚礼以防欲，以至于其高弟李斯与韩非以之尚法而事上，终不得其死矣。呜呼，言恶而用恶，恶反其身，不明天理（性），反受其害，悲哉！

故笔者尝论曰：儒之学，孔子兼而有之，后世常偏之矣。何以明之？譬如性，子虽罕言之，然"性相近也，习相远也"亦名乎世。善耶？恶耶？子未道也。继之者，孟子言性善，荀子言性恶，皆有其见，亦有其偏也。孟子达乎天，性也，上也；然蔽乎人，欲也，下也。荀子明乎人，下欲也；然亦蔽乎天，上性也。唯"下学而上达"，兼而有之，是以通乎天人之际矣。故曰：子圣也，孟子亚之，荀子后之，不亦宜乎？

是故今世之人当知：天性本善，故为政以德、教化先行以导善；人欲不节则流于恶，故法可用以抑恶。是以治国之道，不可以此非彼，当兼之。先义后利（见利思义、以义制利）、先公后私，华夏道统明矣。是以今世弘"以法治国"之术，亦彰"以德治国"之道，此其证也。

那么，究竟选择义（道义），还是利（功利），抑或兼而取之呢？很显然，人们行为的价值取向直接取决于对于人性的认识与信念。今人受西方经济学的理性人之概念影响，又陷入类似荀子片面认知的人性误区：不明人性中"天性"与"人欲"之别，视"人欲"为"人性"，从而漠视、甚至不知有公正、良善"天性"的存在，认为人性固自私自利，是以其行利己，必焉。故子曰："小人喻于利。"此之谓也。

《三字经》曰:"人不学,不知义。"何谓?很显然,人不学,逐欲而动,是以见利则行、见害则止,与禽兽之行无异哉!故孟子尝曰:"人之所以异于禽兽者几希,庶民去之,君子存之。"人兽之异,何谓?唯先知先觉之圣贤乃能阐发人性之精微,彰显人性之良善与公义。故亚圣孟子始唱"性善"说,弘"义"论,天下是以明人性固有良善与公正,此人兽之"异"也。是故人不仅知利害、功利,亦知公正、道义矣。故子曰:"君子喻于义。"此之谓也。

人不学,只知利害,诚小人耳。学而化成君子,自然明义以率利矣。私心、利心源于人欲,欲壑难填,至死方休矣,是以欲而不知止,必贪。故曰:欲生贪。公、义心则不然,义心源于天性,生而有之,若能诚反其心,义自明矣。是故见利则自问:当、不当?宜、不宜?若当且宜,则取之,故《论语·宪问》尝曰:"义然后取,人不厌其取。"若不当不宜,则止之。此乃见利思义、以义率利也。反之,若不义而取之,人心不平而厌之,终失之于不义,岂不知天理必反邪?孰能逃之哉?故《大学》曰:"货悖而入者,亦悖而出。"此之谓也。

呜呼!人性不明,天理不昭,人间祸患终难息矣。昔有"圣人安于性"之论,亦有"天不与圣人同悲"之叹,言圣人有情有性,以性率情矣。小人溺于情欲而泯其性,常人浮沉于性情之间,时而上达乎性,时而下沉乎情(欲),即今所谓"性情中人"耳。究竟以性率情欲?还是以情欲泯天性?道自行,福自求,祸自召,天理必反之矣。

(二)秉公执义,君子仕于义

君子,德美者之称也,大人之谓也。君子之行,义之与比,孔子言之;大人之行,唯义所在,孟子亦论之;君子行义,不苟且矣,荀子作《不苟》以和之。故《论语·微子》曰:

> 子路曰:"不仕无义。长幼之节,不可废也;君臣之义,如之何其废之?欲洁其身,而乱大伦。君子之仕也,行其义也。道

之不行，已知之矣。"①

古之君子，不仕无义，欲行其道矣。义者，合乎天理者也。其仕合乎天理则仕，不合天理则去，岂为爵禄者哉？故孔子曰："君子谋道不谋食"，此之谓也。

是故既言"公"，必秉之守之，主持公道以安天下矣。何以明之？《大学》曰：

> 孟献子曰："畜马乘不察于鸡豚，伐冰之家不畜牛羊，百乘之家不畜聚敛之臣。与其有聚敛之臣，宁有盗臣。"此谓国不以利为利，以义为利也。长国家而务财用者，必自小人矣。彼为善之，小人之使为国家，灾害并至。虽有善者，亦无如之何矣！此谓国不以利为利，以义为利也。②

治国以义为利，非先利也。故孟献子言官不与民争利也。为何如此？天道至公，岂有私邪？是故天生万物无所偏矣。物有其阳，必有其阴。即物有其长，亦有其短。孰能逃之？譬如俗云"金无足赤，人无完人"，此其证也。故《春秋繁露·度制》曰：

> 孔子曰："君子不尽利以遗民。"《诗》云："彼有遗秉，此有不敛穧，伊寡妇之利。"故君子仕则不稼，田则不渔，食时不力珍，大夫不坐羊，士不坐犬。诗曰："采葑采菲，无以下体，德音莫违，及尔同死。"以此防民，民犹忘义而争利，以亡其身。
>
> 天不重与，有角不得有上齿，故已有大者，不得有小者，天数也。夫已有大者，又兼小者，天不能足之，况人乎？故明圣者象天所为为制度，使诸有大奉禄，亦皆不得兼小利、与民争利业，乃天理也。③

---

① 杨伯峻：《论语译注》，中华书局，2006年，第220页。
② 〔宋〕朱熹：《四书章句集注》，中华书局，1983年，
③ 〔汉〕董仲舒：《春秋繁露》，〔清〕凌曙注，中华书局，1975年，第283~284页。

若世人不知天理而逞私欲，则天地根本不足以满足人之欲，况恃权而纵欲乎？是故孔子有"君子不尽利以遗民"之诫。君子即上位者也。若上（官）尽利而安，下（民）无利而不安，不安则生事，上终亦不安矣。故唯有上下皆守"天理"而止，各行其道，各安其分，互不侵夺其利，则上下相安，天下无事，太平可至矣。具体如图5-2所示。

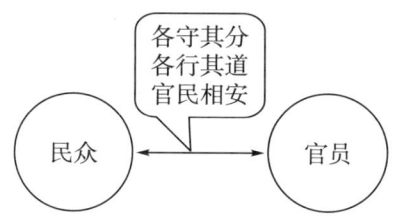

图5-2　"官不与民争利，相安无事矣"示意

若念念于一己之利，不亦小乎？是故官员者，唯大人能当之矣。大人，何谓？《孟子·告子上》曰：

> 公都子问曰："钧是人也，或为大人，或为小人，何也？"
> 孟子曰："从其大体为大人，从其小体为小人。"
> 曰："钧是人也，或从其大体，或从其小体，何也？"
> 曰：耳目之官不思，而蔽于物。物交物，则引之而已矣。心之官则思，思则得之，不思则不得也。此天之所与我者。先立乎其大者，则其小者不能夺也。此为大人而已矣。①

孟子所谓大者，天性也，公义也。所谓小者。人欲也，私利也。故孟子曰："大人者，言不必信，行不必果，惟义所在。"此之谓也。以是言之，人之小大，亦自取矣。

古代君子之仕，欲行其义也，即所谓"不仕无义"。观《大学》

---

① 杨伯峻：《孟子译注》，中华书局，1960年，第47页。

《孟子》等，当知古之君子欲彰明天理、行道于人世间，使天下归乎太平，行之高远。

第三节 勇者无惧，正义永存天地

在一次与学生的交谈中偶然得知，韩国人十分推崇孟子，尤其以"浩然之气"一说为重，以其勇也。那么，为何儒家以"勇"来鼓励君子呢？勇在儒家学问体系中又具有什么样的地位？《论语·宪问》曰：

> 子曰："君子道者三，我无能焉：仁者不忧，知者不惑，勇者不惧。"子贡曰："夫子自道也。"①

在这一章里孔子说道："君子所应行的三件事，我一件也没能做到：仁德的人不忧愁，智慧的人不迷惑，勇敢的人不畏惧。"可以看出，"勇"与"仁""智"并列，被圣人列为人所应该具有的三种品行之一，其重要性可见一斑。

既如此，那么应该如何培养这一重要品质呢？孟子对此进行了详细而系统的论述。《孟子·公孙丑上》曰：

> 公孙丑问曰："夫子加齐之卿相，得行道焉，虽由此霸王，不异矣。如此，则动心否乎？"
>
> 孟子曰："否；我四十不动心。"
>
> 曰："若是，则夫子过孟贲远矣。"
>
> 曰："是不难，告子先我不动心。"
>
> 曰："不动心有道乎？"
>
> 曰："有。北宫黝之养勇也：不肤挠，不目逃，思以一毫挫于人，若挞之于市朝；不受于褐宽博，亦不受于万乘之君；视刺

---

① 杨伯峻：《论语译注》，中华书局，2006年，第175页。

万乘之君，若刺褐夫；无严诸侯，恶声至，必反之。孟施舍之所养勇也，曰：'视不胜犹胜也；量敌而后进，虑胜而后会，是畏三军者也。舍岂能为必胜哉？能无惧而已矣。'孟施舍似曾子，北宫黝似子夏。夫二子之勇，未知其孰贤，然而孟施舍守约也。"①

关于养勇，孟子介绍了两种方式。北宫黝肌肤被刺也不颤动；眼睛被戳，连眨都不眨一下。在他看来，即使只是遭受了一点点挫折，也好像在大庭广众之下挨了鞭打一样。于他而言，卑贱之人和大国君主的侮辱是同等的，都让人难以忍受。他对各国君主毫不畏惧，挨了骂便一定要回击。

至于孟施舍培养勇气的方式则又有所不同。无论敌人力量大小如何，他对待对方的态度都是一样的，因为如果事先估量敌人的力量，心中便难免有所权衡思虑，而自己所要做到的，不过是无所畏惧罢了。对于这两种人，孟子做了以下形容：孟施舍之勇像曾子，北宫黝之勇像子夏。从程度上来看，不知道二人的勇气强弱；但从方法上来说，恐怕孟施舍的要更为简易可行。

很显然，北宫黝之勇，属于"知耻之勇"也。《中庸》有言："知耻近乎勇"，此其证也。而孟施舍之勇，则属"无惧之勇"也。《论语·为政》中，子曰："见义不为，无勇也。"何以明之？世人见不公之事，谁人不心生不平且不安？勇敢伸张正义者，唯战胜内心恐惧而已。

至于曾子，则曰：

> 昔者曾子谓子襄曰："子好勇乎？吾尝闻大勇于夫子矣：自反而不缩，虽褐宽博，吾不惴焉；自反而缩，虽千万人，吾往矣。孟施舍之守气，又不如曾子之守约也。"②

---

① 杨伯峻：《孟子译注》，中华书局，1960年，第61页。
② 杨伯峻：《孟子译注》，中华书局，1960年，第61页。

其曾说：反躬自省，若道理不在我，纵使对方身份低微，我一定不会使对方惴惴不安；而若道理在我，即使对方有千万人之多，我也会孤身前往，绝不退缩。曾子之勇是以道理与我之间的关系来衡量的，曾子之行若合于天理，则理直而气壮，不顾千万人矣。此乃"道义之勇"。从这一点来看，虽与孟施舍之勇相近，却更为精当容易。"虽千万人，吾往矣"一句，也成为表明人拥有硕大决心与勇气的千古名句。

曰："敢问夫子之动心与告子之不动心，可得闻与？"

"告子曰：'不得于言，勿求于心；不得于心，勿求于气。'不得于心，勿求于气，可；不得于言，勿求于心，不可。夫志，气之帅也；气，体之充也。夫志至焉，气次焉；故曰：'持其志，无暴其气。'"

"既曰'志至焉，气次焉'，又曰'持其志，无暴其气'，何也？"

曰："志一则动气，气一则动志也。今夫蹶者趋者，是气也，而反动其心。"

"敢问夫子恶乎长？"

曰："我知言，我善养吾浩然之气。"

"敢问何谓浩然之气？"曰："难言也。其为气也，至大至刚，以直养而无害，则塞于天地之间。其为气也，配义与道；无是，馁也。是集义所生者，非义袭而取之也。行有不慊于心，则馁矣。我故曰：'告子未尝知义，'以其外之也。必有事焉，而勿正，心勿忘，勿助长也。无若宋人然。宋人有闵其苗之不长而揠之者，芒芒然归，谓其人曰：'今日病矣！予助苗长矣！'其子趋而往视之，苗则槁矣。天下之不助苗长者寡矣。以为无益而舍之者，不耘苗者也；助之长者，揠苗者也——非徒无益，而又

害之。"①

在这一话题的牵引下,孟子展开了关于话题中心"浩然之气"的阐述。"我善养吾浩然之气"一句,点明了孟子抑或勇者保持自身气质的关键。所谓浩然之气,即勇气也,需要经过精心的培育和保养,不加以伤害,如此便能自然充盈于天地之间。勇气的培养如何展开?"集义"而致。何谓?义者,顺天理而行也,这需要长期的坚持和积累,由小到大,积少成多,最终便养成了勇者人格。而所谓"义袭",即偶尔为之,则只是一时冲动而已。我们要始终以涵养"浩然之气"为己任,但不能刻意,若如宋人般揠苗助长,则恐终不可得矣。养"浩然之气"的整个过程,具体如图5-3所示。

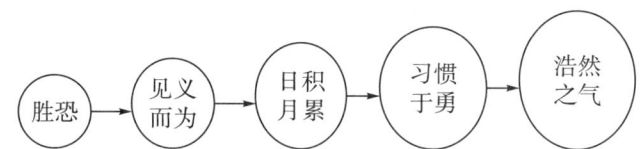

图5-3 "明天理,见义勇为,日积月累,浩然之气自成"示意

从图中可以看出,恐惧,乃人皆有之且生而有之的本能性情感。故"胜恐"(战胜恐惧)是人战胜本能、走向勇敢的首要意愿。而这一意愿一旦"见义"便更为坚实,自然涌动,以至于"日积月累"从而达到习惯的程度。所以,浩然之气,即"勇气",是与"义"紧密结合在一起的,真正秉承天理而行之人始终坚持正义,心中自然无愧,坦坦荡荡而已,诚君子也。可见,真正的"勇"一定建立在"义"的基础之上,是对天理的完全敬服与践行,这是儒家推崇"义"的根源所在。

《孟子·告子上》曰:

孟子曰:"鱼,我所欲也,熊掌亦我所欲也;二者不可得兼,舍鱼而取熊掌者也。生亦我所欲也,义亦我所欲也;二者不可得

---

① 杨伯峻:《孟子译注》,中华书局,1960年,第62页。

兼，舍生而取义者也。生亦我所欲，所欲有甚于生者，故不为苟得也；死亦我所恶，所恶有甚于死者，故患有所不辟也。如使人之所欲莫甚于生，则凡可以得生者何不用也？使人之所恶莫甚于死者，则凡可以辟患者，何不为也？由是则生而有不用也，由是则可以辟患而有不为也。是故所欲有甚于生者，所恶有甚于死者。非独贤者有是心也，人皆有之，贤者能勿丧耳。一箪食，一豆羹，得之则生，弗得则死，呼尔而与之，行道之人弗受；蹴尔而与之，乞人不屑也；万钟则不辩礼义而受之。万钟于我何加焉？为宫室之美、妻妾之奉、所识穷乏者得我与？乡为身死而不受，今为宫室之美为之；乡为身死而不受，今为妻妾之奉为之；乡为身死而不受，今为所识穷乏者得我而为之，是亦不可以已乎？此之谓失其本心。"①

从喜好的角度来讲，鱼和熊掌都是人所喜欢的，但二者不可兼得，所以便舍弃鱼而选择熊掌。以此类推，生为人之所欲，义更是生而为人所不愿舍弃的东西，二者相较，后者更为重要。所以如果一定要在生死关头做出抉择，那么宁愿选择义而放弃生命，绝不苟且偷生，以此才成全了人之为人的真正意义。而从厌恶这一感情性质出发，死亡，自然是人所不喜欢的，但人生在世，总有比死亡更令人厌恶的事，那就是丧失做人的人格与节操，所以身处逆境时，有些祸患我不躲避；相反，如果一个人觉得活着才是人生的头等大事，那么他便会为了求生而不择手段。这件事情的本质在于，促使人做出选择的内在动力，是良善与正义重于人生命的想法，其实并非只有贤者才会这么想，只是贤者摒弃了外在的干扰和自身的不当欲望，保持了这颗本心，这才是二者间的本质区别。

真正不苟且者，唯有儒之君子也，诚大丈夫矣！中国历史上的"宁为玉碎，不为瓦全"的义士层出不穷，禀天理而行义，勇哉！苏

---

① 杨伯峻：《孟子译注》，中华书局，1960年，第265~266页。

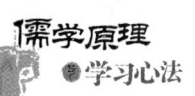

武牧羊不忘祖国，屈原投江不愿同流合污，中国人，从来就是"虽千万人，吾往矣"的勇者。中华民族，一个自强不息、无比坚韧的民族，之所以能数千载历经艰难险阻而依然昌盛不衰，以其循天道而勇往直前之故也。天道永恒，中华永存。

世俗云"舍得",言先舍而后能得也,何以致之哉?

老子曰:将欲取之,必故予之。言其反也。取者,得也;予者,舍也,失也。何以明?

东汉许劭作《予学》,曰:不予之心,兴于愚念。人皆有图也,先予后取,顺人之愿,智者之智耳。随心所欲,乃世人之所愿也;趋利避害,好顺恶逆,喜得怒失,乃世人之常情也。是故欲取于人者,明人之情,顺人之愿,必先予之,人受其予,必感己之善,是以反报之也。

世俗云"善有善报,恶有恶报",亦言其反也。

耳有子曰:予人者人反予之,是以得;取人者人反取之,是以失。智者循理而行,是以常惠人予人,安而长得之;愚者逞欲以求,常取人夺人者,危而终失之。

故许子曰:予非失,乃存也。此之谓也。

——《耳有子·明道·反论》

耳有子曰:人之成败,因其所欲而施于人,则人必反之,故成其欲也。利反利,是以成而福;害反害,是以败而祸。是故观人所施,必知其报,亦知其归矣。许劭曰:观其人也,可知成败矣。诚明矣。

故曰:成败自取,岂由人哉?

——《耳有子·人书·天理》

或问:吾施人以善,反报之以恶,道安在?

应之曰:亦道也。善者以人为善,恶者以人为恶,皆自

行其是，是以人之不一，常也。吾谓之"不对称原理"，不一之道尔。故不明此道者，常行善而报恶，不亦可乎？

譬如，忠臣以道匡昏君，昏君反以为谤；良友以义非之，损友反以为辱，是故昏君杀忠臣，损友反害人，不亦悲乎？

耳有子曰：人之不一，以阴阳言之，则人阳我阴，人阴我阳也。不明此道而施人者，施人阳，受者阳则反之以阳，受者阴则反之以阴，故不一也。

许劭曰：忠予明主，义施君子，必有报焉。何谓？施予者必谨所受之人矣。是其人则致福报，非其人则反召灾祸焉。

故曰：施阳报阴，不知人也。

——《耳有子·明道·阴阳》

耳有子尝曰：勇者，人之所习者耳，非天生之也。

何以明之？凡畏恐者，人皆生而有之，常也。凡勇者，意而克其恐，久习成其勇耳。以是观之，自然则畏恐，有意则勇敢。

故曰：勇者，习之故也。

——《耳有子·明儒·勇论》

昔子曰：见义不为，无勇也。亦曰：勇者无惧。何也？所以无惧者，胜惧之故也。

老子曰：胜己者强。是故胜惧者，胜己也，强之谓也。

以是观之，强者，所以勇也。

或问：强者之强，体耶？心耶？

应之曰：心也。观世之人，体如牛而胆如鼠者有之，体弱不堪而意志坚韧者亦有之，孰强曰强？心也。何以明之？

譬如明代方孝孺者，文弱书生也，事义而不贰，独抗而无惧。或叹其迂，或传其义，然其勇于天地间，大矣。

故子曰：三军可夺帅也，匹夫不可夺志也。其志坚焉，死且不惧，孰能夺之？志者，心之所指也。欲达其志，心必强焉；反之，志弗坚者，强不久矣。以是观之，坚强相生，心之道矣。

耳有子曰：志坚者，强必生也，是故坚生强，强生勇，勇生义。

故曰：人无志，无以为君子。

——《耳有子·明儒·勇论》

夫勇而无礼，谓之乱，非勇也；仁而无礼，谓之愿，非仁也；知而无礼，谓之诈，非知也。是以孔子曰：好学近乎知，力行近乎仁，知耻近乎勇，皆言礼耳。

故曰：君子之于礼，知行合一，是以勇。

或问：君子之风，"宁为玉碎，不为瓦全"，勇哉！其本何也？

答曰：仁义也。

昔老子曰：宠辱若惊，贵大患若身。何谓宠辱若惊？宠为下，得之若惊，失之若惊，是谓宠辱若惊。何谓贵大患若身？吾所以有大患者，为吾有身，及吾无身，吾有何患？曷也？道者言人之大患，莫若性命之失。性命者，身也。有性命之忧，则有失身之恐，恐之所加，勇安在？

今世人皆云"患得患失"，言其势、利之得失也。此行者，小人之所趋舍也。

或问：世皆高"宠辱不惊"之义，何以由哉？

答曰：非由势利，乃由仁义也。

孔子曰：志士仁人，无求生以害仁，有杀身成仁。

论曰：杀身成仁，岂曰无勇乎？

仁者，己所不欲，勿施于人也。设若仁者与人同处危境，一存一亡之择，孰亡孰存邪？

仁者，不欲人之害己，则己必不欲以害加于人，明矣！

是以仁者"慷慨赴死"而不怨人。

死者，亡其身也，人存我亡，非亡于人，乃亡于仁也。

孟子曰：鱼，我所欲也，熊掌亦我所欲也；二者不可得兼，舍鱼而取熊掌者也。生亦我所欲也，义亦我所欲也；二者不可得兼，舍生而取义也。

论曰：义者，众之所宜，非一己之所宜也。一己之宜，利一人耳，故曰利；众之所宜，利众人也，故曰义。孟子言生与义之择，实言利与义之取舍耳。

生者，利己也，若逞一己之利而害众之利，君子弗为，是以舍生取义矣。

故荀子曰：君子易惧而难胁，畏患而不避义死，欲利而不为所非。

故曰：君子者，诚勇哉！

夫君子，仁义于中，外物至焉而以仁义为心，以礼为度，立于天地之间而不变其节。合乎仁义，则行之以礼；不合乎仁义，则视死如归。归者，鬼也，归其真宅也。君子以仁义为归，是以"宁为玉碎，不为瓦全"，不苟于世，岂曰无勇？

或问：勇之所由，内耶？外耶？

曰：在内，不在外也。

世皆高"宠辱不惊、声色不动、镇定自若"之风，皆厌"虚张声势、色厉内荏、外强中干"之行。

问：何也？曰：前者节于中，后者形于外，如此而已。

昔曾子曰：诚于中，形于外。

故君子仁义于中，不为外物所挠，是以"镇定自若"，色必见义，世云"义形于色"。

昔公孙丑问于孟子：敢问夫子恶乎长？孟子曰：我知言，我善养吾浩然之气。

问：敢问何谓浩然之气？曰：难言也。其为气也，至大至刚，以直养而无害，则塞于天地之间。其为气也，配义与道；无是，馁也。是集义所生者，非义袭而取之也。行有不慊于心，则馁也。

问：何谓也？

论曰：世人常言"气馁"者，实无义于中，则气馁于外也。孟子善养浩然之气，实集义而生也。浩然之气者，勇气也，是故勇气生于义。勇义果敢者，大丈夫之所为也。世称大丈夫者，仁义于心，行于天地之间，虽千万人，往矣，能无勇乎？

昔孟子曰：富贵不能淫，贫贱不能移，威武不能屈，此之谓大丈夫。

大丈夫者，心守仁义，外物不足以移其志、改其道、屈其行也。

故论曰：君子役物，心实宅于仁义，以义役外物矣。

然小人者，动必由己而非礼义，纵欲而行，乃夫子"谋食不谋道"者也。

今世言"趋炎附势"而无义者，诚小人也。

或难曰：夫小人，得势则气炎天下，失势则苟且偷生。何谓邪？

答曰：小人内无所定，外无所止，是以"见风使舵、见机行事、见缝插针"。

若得势，或"趾高气扬、虚张声势、权势熏天"以自富；或"色厉内荏、外强中干"以饰强。

若失势，或"唉声叹气、悲悲戚戚"以自怜，或"摇头摆尾、点头哈腰"以自存，或"怨天尤人、呼天抢地"以自弃。

止矣！小人孰有定乎？定于外，非定于内也。

外物纷纭，化生无常，孰能定之邪？

故论曰：小人役于物，终生而忧，此之谓也。

或问：小人定于外，以其欲之利也，岂有勇乎？

应之曰：小人亦有其勇，乃一时之勇耳，而非终生之勇也。

夫小人，以欲而逐外物，得之则喜，失之则怒，其喜怒之情亦生勇之气矣。

故世云"激怒攻心"者，言因怒致勇也；"利欲熏心"者，言因利致勇也。

所谓"重赏之下，必有勇夫"，此其证也。

岂曰勇夫？不亦死夫？

故论曰：小人之勇，勇于欲，非勇于义也。

论曰：君子之勇，本于义而止于中；小人之勇，生于欲而感于外。

欲者，无常之情；义者，有恒之理。

是故君子有终生之勇，而无一时之忧；小人有一时之勇，而有终生之惧。

或问：义之勇，欲之勇，其勇则一，其所以勇则二，孰重孰轻耶？

答曰：义重也。

近世伟人尝有言曰：人终有一死，或重于泰山，或轻于鸿毛。

亦云：下定决心，不怕牺牲，排除万难，去争取胜利。

问：何谓邪？

曰：死者，人之所难，亦人之所惧，常也。然夫大勇者，义于中，欲以一己之死而利天下，是以能甘心赴死，视死如归矣。其死，岂无勇乎？其勇，岂曰无义哉？

昔者，列强侵我中华，荼毒华夏，百年耻辱，毒吾人之心。志士仁人，孰能熟视无睹？若能一朝雪之，死亦何惧？

是故中华勇士虽刀枪加于身，不畏艰难，前赴后继，欲救亿万苍生，弃奴而人。

当其时，生有何欢？死亦何患？岂不闻"义勇军进行曲"之鼓乎？

义勇军者，勇于义之师也，岂屈于坚船、火炮、利刃之外物哉？

故文天祥曰：人生自古谁无死，留取丹心照汗青。此其义也。

夫人，死亦无惧，我何存邪？

死者，死其形也，其神不朽，必焉！

老子曰：死而不忘，寿，此之谓也。

今世语云"永垂不朽、光照万世"，皆言精神不死之义，形存百年耳，神载永世矣。

故论曰：勇于义者，死亦存矣。

悲乎！今世吾人不习中华之义，而溺于工商之利，岂不悲哉？！昔老子"身与货孰多"之叹，今世触目遍及矣。此类者，形虽存，其神已亡矣，谓之"无魂之人"，不亦可乎？

故曰：义勇而死者，重若泰山；欲勇而亡者，轻若鸿毛。

昔文子曰：左手据天下之图，而右手刎其喉，虽愚者不为，身贵于天下也。死君亲之难者，视死如归，义重于身也。故天下大利也，比之身即小；身之所重也，比之仁义即轻，此以仁义为准绳者也。

故曰：中绳者谓之君子，不中绳者谓之小人。君子虽死，其名不灭；小人虽得势，其罪不除。

诚明义哉，文子！

论曰：吾论"无恐"，实论勇矣。

世云"有恃无恐"，恃于何也？仁义乎？势利乎？

君子者，恃于仁义，勇于义，是以终生无恐，亦无忧矣；小人者，恃于势利，勇于欲，是以终生有恐，亦有患矣。

今之人，君子乎？小人乎？皆自取耳。

故曰：人皆有恃，未必无恐。

——《耳有子·明儒·无恐》

南宋学者问"长进"于陆子，对曰：如何要长进？若当为者有时而不能为，不当为者有时而为之，这个却是不长进。

问：何谓也？

应之曰：陆子言义也。夫义，宜也，当也。当而不行，不当而行，皆非其义也。陆子之教，欲学者习君子之道耳。君子之于天下，惟义所在，岂以长进而论之邪？

故论曰：义行义止，儒之教也。

——《耳有子·明儒·义论》

南宋时，与金讲和。陆子叹曰：不用兵，全得几多生灵！是好。然吾人皆士人，曾读《春秋》，知中国夷狄之辨。二圣之仇岂可不复？……今吾人高居无事，优游以食，亦可为耻，乃怀安，非怀义也。此皆是实理实说。

或问：何谓也？

答曰：世俗云"苟且偷安"，南宋朝之谓也。

昔荀子作《不苟》，陆子言"怀安非怀义"。皆尚义也。

昔《大学》言"国以义为利"，今之义，何在？

故曰：义不苟，此之谓也。

——《耳有子·明儒·义论》

或曰：俗云"秉公执义、仗义而行"，何谓也？

应之曰：言君子之行也。

南宋陆子曰：只要当奖即奖，当怒即怒，吾亦不自知。若有意为之，便是私。

君子之行，惟义是从，岂私意哉？

论曰：当者，宜也，义矣。有意者，有心也，有企图也，故有私焉。私者不义，义者不私。

故曰：秉公者，实义也。

——《耳有子·明儒·义论》

或问：大勇，何所由之？

曾子曰：吾尝闻大勇于夫子矣：自反而不缩，虽褐宽博，吾不惴焉；自反而缩，虽千万人，吾往矣。言大勇由乎心也。

昔孟子言"浩然之气"曰："其为气也，配义与道；无是，则馁也。是集义所生者，非义袭而取之也。行有不慊于心，则馁矣。

难曰：何以明之哉？

论曰：馁，俗谓"泄气"也。

"浩然之气"者，实"勇"之气也，其气由乎"道义"。若行不合乎道义，其气无所生，其勇亦无所名矣。

故论曰：非道义，无大勇。

或问：大勇，何以致之？

应之曰：修养而致之也。

孟子所谓"集义所生者，非义袭而趋之也"，实大勇之道也。

曰：何以明之？

论曰：集义者，时时义，事事善，恒积也；义袭者，一时义，一事善，非恒也。俗云"练兵千日，用兵一时"。集

义者，千日之行也；义袭者，一时之行耳。苟无千日之养，临大事而能无惧者，诚寡矣。

反之则不然，积善行义日久，其浩然之气日积，充乎其体，塞乎天地，是谓"顶天立地大丈夫"。大勇必焉。

故曰：积小成大，大勇之道也。

——《耳有子·明儒·勇论》

或问：义，利乎？

应之曰：义能利，然非为利也，利不必由义，如此而已矣。

何以明之？

昔董子曰："正其谊不谋其利，明其道不计其功。"

后世理学言君子，云"不论利害，惟看义当与不当为"。谊者，义也。皆言义，非为利也。

耳有子曰：今世云市场经济，人多尚私重利，顾义者寡矣，故奸商起，儒商寡。

何也？

夫商者，其道有二：一曰"义而利"，诚行义者，必得人也，利将自至也，名之儒商矣；二曰"不义而利"，利而不以义者，害人而利己也，人必反其害，终害己矣。

故世有"其兴也勃，其亡也忽。"之叹，天理必反矣，孰能逃哉？

故曰：义者必利，利者不必义。

——《耳有子·明儒·义论》

或难曰：强者亦心胜，岂非不然乎？

应之曰：非也，误甚矣！儒者言自强，道者言弱用，其实一焉。

何以明？

耳有子曰：夫人之强，非强于事，亦不强于人，强己尔。夫事有其理，人有其意，常也。

俗云"事在人为"，非言人必成之，何也？

事之成，其因有三焉。一曰适时，二曰顺理，三曰和人焉。

时不可强，俟而不失尔；理不可强，强则逆之，事必毁也；人不可强，强则怨，极则反之，祸莫大焉，岂能强乎？

然强己，何也？

己有意于事，人亦有意焉，若己之意不循事理、不合人情，其事必败焉。

故强己者，胜己之心，克己之意，以循事理、合人情矣。

故曰：儒者自强，道者弱用，异名同实尔。

——《耳有子·人书·强论》

或问：儒者言修身，至于圣，何以由之哉？

周子曰："性焉安焉谓之圣。"亦曰："圣同天。"

淮南子曰："圣人安于性。"

故程子曰："凡学之道，正其心，养其性而已。中正而

诚,则圣矣。"

故曰:复其性,心安之,成圣之途也。

或问:言性必言情,情将何处?

程子曰:"天地储精,得五行之秀者为人。其本也真而静,其未发也五性具焉,曰仁义礼智信。"何谓?

礼曰:人生而静,天之性也。

天地之间,五行成人,是以具五常之性焉。

程子曰:"形既生矣,外物触其形而动于中矣。其中动而七情出焉,曰喜怒哀惧爱恶欲。"何谓?

礼曰:感于物而动,性之欲也。

性者,体也;情欲者,用也。无用则体不明矣。

是故程子曰:情既炽而益荡,其性凿矣。是故觉者约其情使合于中,正其心,养其性,故曰'性其情'。愚者则不知制之,纵其情而至于邪僻,牿其性而亡之,故曰'情其性'。何谓?

耳有子曰:性其情者,以性约情,性安而情适;情其性者,以情肆性,性危而情滥矣。

故曰:修身养性,约情之谓也。

——《耳有子·明儒·修身》

昔董子尝曰:"天之生人也,使人生义与利。利以养其体,义以养其心。心不得义不能乐,体不得利不能安。"

何谓也?

应之曰：董子言治天下，不独有义，亦必有利也。昔孔子曰："君子固穷，小人斯滥矣。"孟子曰："无恒产而有恒心者，惟士为能。若民，则无恒产，因无恒心。"二子之言，言利不足以养人，孰能安邪？惟士君子能之，小人则必乱矣。

故曰：君子安于义，小人安于利，此之谓也。

——《耳有子·明儒·义论》

第六章　天理与儒学之仁

子曰："人而不仁，如礼何？人而不仁，如乐何？"
——《论语·八佾》

第一节　仁是什么

在日常生活中，我们常常会听到别人这样评价人："这个人很仁义。"那么，究竟什么是仁呢？

仅从形意上看，仁者，二人也。二人，意味着什么？意味着人与人之间的交往。众所周知，儒家思想是为了解决社会治理的问题。社会是什么？社会是人与人之间交往的扩大，所有的社会交往其实可简化为两个人的关系。这就是仁最本质的含义。具体如图6-1所示。

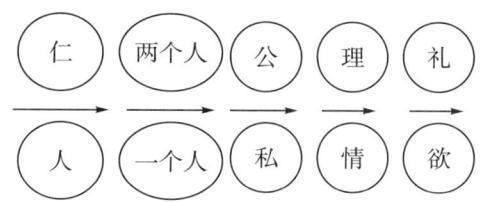

图 6-1 仁与人关系示意

通俗地讲，儒家希望人们在进行社会交往时存"二人之心"，也即"公心"，如此则必然"循天理"，进而"守规矩"，此仁之所由来也。如果没有存"二人之心"，那么，人们在守礼的过程中必然产生被动的、不得已的束缚感。这就是普通人怀"一人之心"去理解儒家之礼的结果。反之，真正具备"替别人想一想"的"二人之心"的人，自然就会主动地、顺理成章地去守礼、行礼，这样身心便会处于表里合一的和谐状态。

《论语·颜渊》曰：

> 颜渊问"仁"。子曰："克己复礼为仁。一日克己复礼，天下归仁焉。为仁由己，而由人乎哉？"
>
> 颜渊曰："请问其目。"子曰："非礼勿视，非礼勿听，非礼勿言，非礼勿动。"
>
> 颜渊曰："回虽不敏，请事斯语矣！"①

如何做到"仁"，就是克制一己之情欲而践行社会公共礼仪，这就是典型的"二人之心"。有此心，人就能兼顾他人，就能"替别人想一想"，心中自然就会产生"知止"的意念。

《大学》曰：

> 为人君，止于仁；为人臣，止于敬；为人子，止于孝；为人父，止于慈；与国人交，止于信。②

---

① 杨伯峻：《论语译注》，中华书局，2006 年，第 138 页。
② 〔宋〕朱熹：《四书章句集注》，中华书局，1983 年，第 5 页。

对于儒家而言，一个人要知其所止，便意味着他知道自己应该干什么，这是"知本分而守之"。为此，儒家提出"君仁臣敬、父慈子孝、朋友有信"的基本原则，而这一切的社会礼义基础，离不开人内心的"仁念"。

那么，我们该如何做到仁呢？

一、仁者之行：行其所欲，推己及人

《论语·雍也》曰：

> 子贡曰："如有博施于民而能济众，何如？可谓仁乎？"子曰："何事于仁！必也圣乎！尧舜其犹病诸！夫仁者，己欲立而立人，己欲达而达人。能近取譬，可谓仁之方也已。"①

子贡之问，孔子之答，其实解决了一个根本问题：仁者究竟该如何行事？

如果没有外在的制约和内心某些价值观念的影响，人难免会基于本能而行，即所谓"随心所欲"。而子贡所谓"博施于民而能济众"之问，则是"专门利人"之行。在二者之间，孔子择中，选择了推己及人之路，不仅注重了个体的内在价值，同时也兼顾了他人，将个人与社会相统一，而不至于使二者间发生冲突。

通俗来讲，仁就是一种"推己及人"的观念，也是一种在"为自己着想时，也替别人想一想"的能力。

到了孟子，则进一步发挥，将孔子的"仁"解释为"推恩"，从而构成了王道"仁政"的核心。《孟子·梁惠王上》有云：

> 老吾老，以及人之老；幼吾幼，以及人之幼。天下可运于掌。《诗》云，'刑于寡妻，至于兄弟，以御于家邦'。言举斯心加诸彼而已。故推恩足以保四海，不推恩无以保妻子。古之人所

---

① 杨伯峻：《论语译注》，中华书局，2006年，第72页。

以大过人者，无他焉，善推其所为而已矣。

在这一章中，我们看到了熟悉的"老吾老，以及人之老；幼吾幼，以及人之幼"。这便是典型的"推己及人"的儒家学说，归根结底即"仁学"。众所周知，尊老爱幼乃中华文明之美德。施以"尊老"，报以"爱幼"，天理也。要做到这一点，关键要存一颗推己及人之心。若幼不尊老，孰爱幼耶？若老不爱幼，孰尊老哉？是故人人明天理、存仁心，人人和睦相待，天下一家矣。

二、仁者之止：止其所不欲，勿施于人

仁者行其所欲，推己及人，是以推动社会展开良性互动。反之，仁者之止，止于何处？《论语·颜渊》曰：

> 仲弓问仁。子曰："出门如见大宾，使民如承大祭。己所不欲，勿施于人。
>
> 在邦无怨，在家无怨。"
>
> 仲弓曰："雍虽不敏，请事斯语矣。"①

什么意思？仁者，止其所不欲也，这就是将心比心。自己不喜欢、不想发生的事，就不要让它发生在别人身上。《大学》曰：

> 所恶于上，毋以使下；所恶于下，毋以事上；所恶于前，毋以先后；所恶于后，毋以从前；所恶于右，毋以交于左；所恶于左，毋以交于右：此之谓絜矩之道。②

诸位，很明显，这就是中国人常说的"将心比心"的具体行为要求，其背后所呈现的即为天理，"天理往返"原则具体见图 6-2 所示。

---

① 杨伯峻：《论语译注》，中华书局，2006 年，第 139 页。
② 〔宋〕朱熹：《四书章句集注》，中华书局，1983 年，第 10 页。

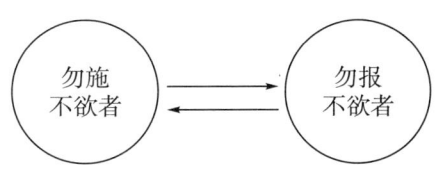

图 6-2　勿施予则勿报复，天理也

其实曾子说"出乎尔，反乎尔"，而仁者之止恰恰反过来，"不欲反乎尔，不出乎尔也"。可见，仁者之止，止于天理也。

综上所述，不难发现以下规律：

仁者之行——行其所欲——推己及人。

仁者之止——止其不欲——勿施于人。

所谓仁者，"兼人己"之欲也，简言之，仁者兼人。仁者不只是考虑自己，也会考虑与自己交往者，从而建立其"行止观"。

第二节　仁者爱人

为何仁者能兼顾他人和自己呢？如果是单纯从理论出发，便难免会沦为冷冰冰的说教，要搞清楚这一点，可直接由"情"而入"理"。《二程集·遗书·伊川先生语一》曰：

> 程子曰：仁之道，要之只消道一公字。公只是仁之理，不可将公便唤做仁。公而以人体之，故为仁。只为公，则物我兼照，故仁，所以能恕，所以能爱。恕则仁之施，爱则仁之用也。[①]

毫无疑问，仁之理则公，仁之用则爱。爱者，情也，故仁者爱人。世界上的多数文明都在宣扬爱，但究竟什么是爱呢？爱的本义又是什么呢？

在课堂上，我问了同学们，结果得到以下回答：

——爱是付出；

---

① 程颢、程颐：《二程集》，王孝鱼点校，中华书局，2004年，第153页。

——爱是关心；

——爱是无私的；

——爱是奉献；

——爱是关怀……

事实上，这些回答只是爱的外在行为特征与表现，而没有涉及爱的内心感受或者说爱的理性认知。如果我们不能剖解爱的本义，也就意味着无法彻底认知仁的本义。

而若从人性的"理与情"两个维度出发来研究"爱"，可以延伸出如下话题。

在课堂上，笔者让学生（此处也请读者诸君）切己体察，审视自己内心的真实感受，回答以下两个问题：

问题一：从理性角度看，你认为世界上最伟大的爱是什么？毫无悬念，大多数同学的回答是"母爱"，也有人回答"父爱"。

问题二：从情感角度讲，你最爱（牵挂）谁？因笔者学生多为有孩子的成年人，故绝大多数回答"孩子"，当然答"父母"和"自己"的也不乏其人。

诸位读者，根据"爱父母""爱孩子""爱自己"这三个回答，我们有必要思考一个根本问题：为何世人说"父母之爱是最纯粹的、最无私的"呢？

一个绝不能被忽视的事实：父母将孩子视作"自己的骨肉"或"自身生命的延续"，故亲子之爱实乃一种生命之本能。特别是母亲，十月怀胎，母子同体，其爱孩子，实爱自己矣。故耳有子曰：视人如己，谓之爱。诚爱之本义。故俗有"爱人之子，视若己出"之说，此其证也。

以是观之，夫仁者，有所欲则推己及人，有所不欲则勿施于人，不亦视人如己乎？不亦爱人邪？不言自明矣。故曰：仁者爱人。

那么，仁者爱人，究竟从何处入手呢？爱己。《荀子·子道》曰：

子路入，子曰："由！知者若何？仁者若何？"子路对曰：

"知者使人知己,仁者使人爱己。"

子曰:"可谓士矣。"

子贡入,子曰:"赐!知者若何?仁者若何?"子贡对曰:"知者知人,仁者爱人。"

子曰:"可谓士君子矣。"

颜渊入,子曰:"回!知者若何?仁者若何?"

颜渊对曰:"知者自知,仁者自爱。"子曰:"可谓明君子矣。"①

孔子与三个弟子的问答,其实已经深刻地将爱的本义与天理的关系揭示出来了。

仁者自爱—仁者爱人—仁者使人爱己。

智者自知—智者知人—智者使人知己。

试想一下,如果我们不自爱、自护,又如何能做到"视人如己"?一个对自己"很残忍"的人(未必是传统意义上的"残忍",比如自苛),他爱人也会一样"很残忍"。问题是,这种爱,别人未必能够接受,因为这是一种自以为是的爱。因此,孔子希望每一个人都善待自己,从而善待他人,这样才能实现人与人之间的往复循环,从而形成一种良性的往来社交模式。具体如图6-3所示。

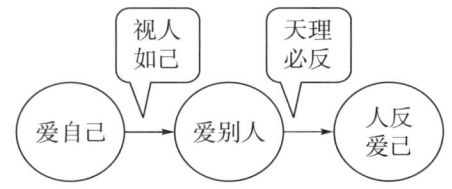

图6-3 善爱己者,亦善爱人,人反爱己矣

可见,不自知,无以知人;不爱己,无以爱人。因此,爱人,要先从爱己出发。

---

① 王先谦:《荀子集解》,沈啸寰、王星贤点校,中华书局,1988年,第350页。

己之不知,何以知人?己之不爱,何以爱人?此乃儒家之智与仁的关系。

第三节 仁者天心,岂可泯灭天理良心?

《孟子·公孙丑上》曰:

> 孟子曰:"人皆有不忍人之心。先王有不忍人之心,斯有不忍人之政矣。以不忍人之心,行不忍人之政,治天下可运之掌上。所以谓人皆有不忍人之心者,今人乍见孺子将入于井,皆有怵惕恻隐之心——非所以内交于孺子之父母也,非所以要誉于乡党朋友也,非恶其声而然也。由是观之,无恻隐之心,非人也;无羞恶之心,非人也;无辞让之心,非人也;无是非之心,非人也。恻隐之心,仁之端也;羞恶之心,义之端也;辞让之心,礼之端也;是非之心,智之端也。人之有是四端也,犹其有四体也。有是四端而自谓不能者,自贼者也;谓其君不能者,贼其君者也。凡有四端于我者,知皆扩而充之矣。若火之始然,泉之始达。苟能充之,足以保四海;苟不充之,不足以事父母。"①

当看到小孩子快要掉进井里时,我们心里一种"恻隐之情"油然而生,恻隐之心就是不忍之心,就是善念的起始。

我们的恻隐之心或者救济之行是无目的、无企图的,并不是因为熟悉其父母,也不是为了在邻里间获得名誉,而仅仅是因为"不忍心"而已。具体如图6-4所示。

图6-4 人同此心,心同此理,仁也

---

① 杨伯峻:《孟子译注》,中华书局,1960年,第79~80页。

同情心，即"爱心"，即"仁心"。何人没有同情之心？又有何人没有爱心？看看孩子一出生就懂得爱自己的母亲，就知道爱是人类天赋的情感类型，因此说"仁心是先天的"，是"非由外铄我也，我固有之也"。如果放弃了这种仁心和爱心，我们可能会失去很多。故《孟子·梁惠王上》曰：

> 故推恩足以保四海，不推恩无以保妻子。①

仁心就是推己及人之心，就是爱心，就是"推恩"之心。一个人如果没有仁心，自然就不会替别人着想。无往不来，有来有往，天理矣。是故明天理者，不得不仁（推恩）矣。故《孟子·梁惠王下》曰：

> 邹与鲁哄。穆公问曰："吾有司死者三十三人，而民莫之死也。诛之，则不可胜诛；不诛，则疾视其长上之死而不救。如之何则可也？"
>
> 孟子对曰："凶年饥岁，君之民老弱转乎沟壑，壮者散而之四方者，几千人矣；而君之仓廪实，府库充，有司莫以告，是上慢而残下也。曾子曰：'戒之戒之！出乎尔者，反乎尔者也。'夫民今而后得反之也，君无尤焉！君行仁政，斯民亲其上，死其长矣。"②

《孟子·离娄上》载孔子之言，曰："道二，仁与不仁而已矣。"人之道，无外乎此。是以孟子唱"仁政"，即为政以仁，以爱民之心行政，若为官者能"爱民如子"，则民视官为父母，所谓"父母官"是也，对等哉，合天理也。反之，若不仁，有司不视民如伤，老百姓亦视其如仇寇，亦对等矣。故俗有"你不仁，我不义"之诫，天理循环，岂有不反之哉？

---

① 杨伯峻：《孟子译注》，中华书局，1960年，第16页。
② 杨伯峻：《孟子译注》，中华书局，1960年，第47页。

是故孟子曰："仁，人之安宅也；义，人之正路也。"世人诚心安于仁，与人为善，行事无愧于心，是以人反爱之、善之，天下无其敌，祸亦无由生，不亦安乎？故子曰：仁者安仁，此之谓也。

子曰："人而不仁，如礼何？"子忧世人徒有其表（礼），而无其心（仁），其伪之害深焉。今世亦然，人而不仁，如法何？若有司之行，合"法"而不仁，民岂仅怨哉？故孟子曰："暴其民甚，则身弑国亡；不甚，则身危国削，名之曰'幽''厉'，虽孝子慈孙，百世不能改也。"施暴者，得无其畏邪？

是故欲安天下者，必先安人；欲安人者，必先安己。安己，何所由哉？非仁，无所由之。故子曰：为仁由己，而由人乎哉？此之谓也。仁反仁矣，不仁反不仁，天理必反，早晚而已矣。己若残忍，而望人之仁，可得乎？谬矣。

夫仁，良心也。生而为人，天赋其良，若亡之，非善类，岂人哉！

（一）孔孟言仁义，兼矣

需要指明的是，后世学者对儒学之"义"以及"仁"和"礼"之间的关系发挥甚少，是以世人要么尚仁，要么守礼，却难达于义，从而导致对儒学的片面理解与应用。可见，如果不能全面、整体地理解儒学基本概念与原理的关系，其害甚矣，故学者不可以不慎。

儒学二圣之论，其实一也，岂可偏取？

今有学者论曰，圣人孔子尚仁，亚圣孟子重义。此论貌是，其实大非。就笔者研究发现与切己体证之经验而言，二圣之学，虽然在仁与义的内容上各有多寡，但就重要性而言，其实一也。

《论语》中共谈及"仁"一百零九次，可见孔子尚仁。《论语·卫灵公》曰：

> 子曰：志士仁人，无求生以害仁，有杀身以成仁。①

从其言中之义来理解，岂知"仁"不及"义"乎？又有《论语·里仁》曰：

> 子曰：君子之于天下也，无适也，无莫也，义之于比。②

《论语·述而》曰：

> 子曰：饭疏食饮水，曲肱而枕之，乐亦在其中矣。不义而富且贵，于我如浮云。③

可见，孔子不会孤立地谈论仁，而是仁与义兼论之。后世学者却人为地将二者分开，甚至谈仁而不及义。

同样，学者读《孟子》，自知孟子尚义。《孟子·离娄下》曰：

> 孟子曰：大人者，言不必信，行不必果，惟义所在。④

今人多推崇"言必信，行必果"。所以有学者一看孟子之论，便大惊小怪，以为孟子"言不必信，只唯义"。其实，早在《论语》中，孔子便有"言必信，行必果；硁硁然，小人哉"之论。如果一个人约定好与友人共事，结果发现是要行不义之举，则自须停止。孔子说"君子之行，义与比之"，孟子说"大人之行，惟义所在"，唯小人不知义而唯利是图而已。

从字面上看，孔子有"杀身成仁"之言，孟子则有"舍生取义"之论，二者貌似各有侧重，其实均是儒学发展轨迹的必然体现。儒学由孔子所创立，始于礼，兴于仁，故《论语》中，孔子从不同角度来谈"礼"与"仁"，也自然谈及"义"。至曾子之时，其对儒学背后的天理有所发明，比如"出乎尔者，反乎尔者也"，只不过当时无天理

---

① 杨伯峻：《论语译注》，中华书局，2006年，第184页。
② 杨伯峻：《论语译注》，中华书局，2006年，第40页。
③ 杨伯峻：《论语译注》，中华书局，2006年，第80页。
④ 杨伯峻：《孟子译注》，中华书局，1960年，第189页。

之名罢了。

至于孟子之时，则在"天理必反"方面有更透彻的言论，从而让天理在儒学中日益凸显。《孟子·离娄下》曰：

> 孟子告齐宣王曰：君之视臣如手足，则臣视君如腹心；君之视臣如犬马，则臣视君如国人；君之视臣如土芥，则臣视君如寇仇。"
>
> 王曰："礼，为旧君有服，何如斯可为服矣？"
>
> 曰："谏行言听，膏泽下于民；有故而去，则君使人导之出疆，又先于其所往；去三年不反，然后收其田里。此之谓三有礼焉。如此，则为之服矣。今也为臣，谏则不行，言则不听；膏泽不下于民；有故而去，则君搏执之，又极之于其所往；去之日，遂收其田里。此之谓寇仇。寇仇，何服之有？"①

《孟子·滕文公下》曰：

> 景春曰："公孙衍、张仪岂不诚大丈夫哉？一怒而诸侯惧，安居而天下熄。"
>
> 孟子曰："是焉得为大丈夫乎？子未学礼乎？丈夫之冠也，父命之；女子之嫁也，母命之，往送之门，戒之曰：'往之女家，必敬必戒，无违夫子！'以顺为正者，妾妇之道也。居天下之广居，立天下之正位，行天下之大道。得志，与民由之；不得志，独行其道。富贵不能淫，贫贱不能移，威武不能屈，此之谓大丈夫。②

孟子将天理发挥得如此清晰透彻，义的宣扬便也显得顺理成章。即便如此，也不意味着孟子意欲割裂仁义。事实上，在孟子看来，仁义从来为一。《孟子·梁惠王上》曰：

---

① 杨伯峻：《孟子译注》，中华书局，1960年，第186页。
② 杨伯峻：《孟子译注》，中华书局，1960年，第140~141页。

> 孟子见梁惠王。王曰:"叟!不远千里而来,亦将有以利吾国乎?"
>
> 孟子对曰:"王!何必曰利?亦有仁义而已矣。王曰,'何以利吾国?'大夫曰,'何以利吾家?'士庶人曰,'何以利吾身?'上下交征利而国危矣。万乘之国,弑其君者,必千乘之家;千乘之国,弑其君者,必百乘之家。万取千焉,千取百焉,不为不多矣。苟为后义而先利,不夺不餍。未有仁而遗其亲者也,未有义而后其君者也。王亦曰仁义而已矣,何必曰利?"①

由孟子之言可见,仁义连用乃为常态。那么,他又是如何看待仁与义之间的关系的呢?为何儒家之人言必及仁义?《孟子·离娄上》曰:

> 孟子曰:"自暴者,不可与有言也;自弃者,不可与有为也。言非礼义,谓之自暴也;吾身不能居仁由义,谓之自弃也。仁,人之安宅也;义,人之正路也。旷安宅而弗居,舍正路而不由,哀哉。"②

宅者,心也。仁是什么?是一个人的"存心"或"安心",如果我们"存良心",这就是仁;如果心存不良或心无仁念,则孟子所谓"自暴自弃"者,我们就不能与此人谈论什么有价值之言,也难于与之共事。

孟子认为:一个人,应该安于仁,行于义,这便是"居仁由义"之道。仁与义概念内涵与范畴外延间的区别具体如表6-1所示。

---

① 杨伯峻:《孟子译注》,中华书局,1960年,第1~2页。
② 杨伯峻:《孟子译注》,中华书局,1960年,第172页。

表 6-1　仁与义概念内涵与范畴外延的区别

	仁	义
情理之别	感情，人情也	公理，天理也
现代伦理术语类比	仁爱、同情、仁慈	公正、公平、正义
内涵	己所不欲，勿施于人	循天理而行，对等原则
公私属性	公心（有为己之心，但能替别人着想，是谓二人之心、公心）	无心（即无意，无为己之意，纯出于天性，故亦名天心、公心）
待人特点	宽容，爱人（其弊流于姑息、纵容）	严格，正人（其弊流于严酷、绝情）

不难发现，仁义实"一体两用"矣。体者，性也。用者，心也。昔孟子发明人心，尝有"恻隐之心，仁之端也；羞恶之心，义之端也；辞让之心，礼之端也；是非之心，智之端也"之论。其实，人心岂止四端哉？人心思变，诚变化多端矣。然其本，则一焉。一者，性也，天也。故孟子曰："尽其心者，知其性也；知其性，则知天。"诚明天人之道矣。夫心者，无常矣；性者，常矣。故圣人启人以仁，亚圣昭人以义，其体一也。

以体言之，儒学诚一也。夫一，其名曰性，其本曰天，其义曰理，其数曰一，公焉。仁义本乎一，是以皆公矣。

夫仁，本乎性之善，发乎恻隐之心，俗谓爱心、同情心，是以兼人己之欲者也。故仁生兼，兼生容，容生公。昔老子尝曰："知常容，容乃公。"容生公矣。比之于今，则公生共，共生有，"公有"之谓也。故曰：仁之理，公也；仁之情，爱也。仁之数，一也。仁者爱人，视人如己，人己无别，不亦一乎？故仁者爱人，能容、能柔、能恕、能让矣。

夫义，本乎性之直，发乎羞恶之心，俗谓羞耻心、厌恶心，是以行止皆循天理（性）。合理则行，违理则止；以德报德，以直报怨；一来一往，一施一报；不苟不偷，无所用心（无心即公心），"公平"

之谓也。故义者正人，能刚、能断、能勇、能守矣。

以体言之，性，公焉。以用论之，公共、公有者，仁之用也；公正、公平者，义之用也。是故仁义者，一于公而二其用也。以弊考之，仁于己则失于懦，于人则失于纵；义于己则失于固，于人则失于刻。以俗观之，所谓"通情达理"者，即"通人情、达天理"也，实通仁达义矣。是故仁义相济而行，明矣。

（二）天理与儒学"五常"

天理者，儒学仁、义、礼、智、信之本也。本书行文至此，读者诸君需从整体上把握儒学概念（仁、义、礼、智、信）与基本原理（天理）的关系。只有全面掌握儒学之道，才能防止片面解读儒学。

简言之，人生于天地之间，必须遵循亘古不变的永恒法则，古称之为"天道"。人又居于社会之中，因此也必须遵循"人道"，传统儒家称之为"五常"，即仁、义、礼、智、信。那么，"五常"的背后又是什么呢？天理也。天理者，天性也，儒学之体也；五常者，人心也，儒学之用也。不知儒学之体，岂明儒学之所以用？天理与五常，一体五用耳。它们之间的关系如下。

仁与天理。既然人世间天理永存，万世不变。则施人以恶，报之以恶；施人以善，报之以善。出乎尔者，反乎尔者也。那么，世人应该如何待人呢？儒家说：仁也，即以仁待人。己所不欲，勿施于人。故能与人为善、成人之美者，诚仁也。

义与天理。循天理而行，宜也，是谓义。不义之行，谁能容之？故儒家倡导：君子之行，义之与比；大人之行，惟义所在。

在当今社会，我们更加需要"见利思义"：义，则取之；不义，则止之。也要警惕"见利忘义"，更要坚决杜绝"以利害义"之行。

礼与天理。古人制礼，将日常生活中诸如丧、葬、婚嫁、祭祀等大事中的行为和场景程序化与仪式化，便于世人依礼而行，从而消除人际误会与冲突。《礼记·曲礼上》曰："礼尚往来。来而不往，非礼也；往而不来，亦非礼也。"所谓非礼者，天理不容也。故曰：礼者，

天理也。

智与天理。所谓智，诚知也。知何物？道也。道何在？《中庸》曰："天命之谓性，率性之谓道。"所谓道者，道（导）其性也。性者，天性也。天性者，天理也。故曰：道（导）其性者，道其理也。是以不知天理者，不知人道也，岂可曰智？知天理，明人性，诚智也。故《论语·里仁》曰："智者利仁。"

信与天理。我们究竟应该相信什么？我们又该如何取信于人？

信天地间由天道主宰，信人世间由天理支配。天理循环，一个人要有所信，方能于有所为之时有所不为矣。何也？知止之故也。人能知止，则能守其行，是以人信之。

一言以蔽之，天理永恒，万世不变，乃仁、义、礼、智、信"五常"之本源也。无天理，五常何以常？是故智者知之，则守以仁，行以礼，节以义，则人皆信之，其立，必焉。

昔孟子言"四心",曰:恻隐之心,仁之端也;羞恶之心,义之端也;恭敬之心,礼之端也;是非之心,智之端也。

是以宋儒有"扩而充之,须于四端上逐一充"之论。陆子非所言"焉有此理",何也?

应之曰:孟子"四心"之论,实"四正念"耳。夫人之心,本乎天,天心之谓,一而非二焉。心虽一,然念则万矣。有正念焉,有邪念焉;有真念焉,有妄念焉;有善念焉,有恶念焉。

故耳有子曰:人有阴阳,心有虚实,实"念有阴阳"耳。

是故心之念,非一乃二,阴阳之谓也。譬如孟子"四正念",必有违之者存焉,是以有仁亦有忍,有义亦有不义也。仁、义、礼、智者,以心论之则阳念也,以德论之则明德也。

是故《大学》曰:大学之道,在明明德,何以明之?曰:必始乎阳念,而后明德可成矣。

或问:何以证之?

应之曰:以圣证贤,足矣!

子曰:"君子无终食之间违仁,造次必于是,颠沛必于是。"何谓?

夫子之言,君子念念不离仁矣。若仁主其心,则一念帅万念,是故万念归一,仁而已矣。一事易,事事难;一时

易，一世难矣。万念归一，诚难也。

是故孔子高颜回之仁，曰：回也，其心三月不违仁，其余，则日月至焉而已矣。

心不违仁，何谓？

仁主其心，万念归一矣。故宋儒多高颜子之贤，以为亚圣之名，非孟实颜矣。

或难曰：仁主其心，何以由之？应之曰：明之，养之，恒行之，终主之矣。

何以明之？孟子曰：尽其心者，知其性也，知其性则知天矣。存其心，养其性，所以事天也。

天，何谓？天心也。尽仁知性则知天，存仁养性则事天。

何以养之？孟子曰：苟得其养，无物不长；苟失其养，无物不消。子曰：操则存，舍则亡；出入无时，莫知其乡。皆言心操仁而养之也。

耳有子曰：心若失其所操，仁失焉，是以所养者必非仁，心必麻木矣。故俗云"麻木不仁"者，心失其操之谓也。

——《耳有子·明儒·仁论》

或难曰：仁者，天地之心也，念非心，悖乎？

应之曰：非悖也。昔老子曰：天地不仁，以万物为刍狗。何谓？

不仁者，无情无欲也，故无私焉，是以一视同仁也。故曰：天地不仁，实大仁也。

耳有子曰：天地无心，实无私而公，大仁之谓也。是故仁者体天地之道则大其心，心至仁焉。

故曰：仁者体天，无念不仁。

——《耳有子·人书·心论》

北宋周子云"圣同天"，其后诸子多有发明，譬如二程子、陆子。

程子曰：仁者，以天地万物为一体，莫非己也。

问：程子之言，何以明之邪？

应之曰：夫仁，兼人我之欲者也，非独己也。

是故兼生容，容生公。公者，仁之体也，天之道也。夫天无私覆，地无私载，皆无私而公也。所谓"仁者，天地之心"，以其能公，是故仁者，以天地万物为一体，不亦宜乎？

后宋陆子曰：心只是一个心，某之心，吾友之心，上而千百载圣贤之心，下而千百载复有一圣贤，其心亦只如此。

论曰：陆子所谓心者，实仁也。仁者，天地之心也。是故圣凡同心，千古同道，此之谓也。

陆子亦曰：心之体甚大，能尽我之心，便与天同。

或问：何谓也？

答曰：尽仁心，至公而无丝毫之私欲，可谓天心矣。其与天同，不亦可乎？

故论曰：至仁无私，同天而圣。

——《耳有子·明儒·仁论》

或难曰：易经，群经之宗，儒何以独尊之？

应之曰：易，总源也；儒，主流也。无源，其流不远；无流，其源不彰矣。

儒之学，其本仁也。

曰：何以仁哉？昔子曰：克己复礼，为仁。

问：何以克哉？

应之曰：胜己之情欲，以复天理也。胜己者，强也。

故《易·乾·象》曰：天行健，君子以自强不息。

自强不息者，克己复礼而不懈也，乃孔子所谓"修己以敬"也。敬者，不懈也。

是故君子自强不息，实守礼不懈，其本一也。

或问：厚德载物，何以解？

应之曰：仁者兼人，兼生容，容生公，公乃天地之道也。

是故君子法天地之道，非仁无所由之也。

夫地者，载万物而无偏，其容大矣。

昔《书》有言曰：有容，德乃大。

俗谓"海纳百川，有容乃大"，实言德大也。

是故小德小容，大德大容，地之德，岂非大邪？

论曰：夫仁者，法天德则自强不息，克己复礼而不懈，俗谓"严于律己"也。

法地德则厚德载物，温良宽厚而不刻，俗谓"宽以待人"矣。

故论曰：君子法天，以义治己；法地，以仁待人。

——《耳有子·明儒·仁论》

昔象山先生曰：后世贤者处心处事，亦非尽无礼义，特其心先主乎利害，而以礼义行之耳。后世所以大异于古人者，正在于此。何谓也？

应之曰：礼义虽同，其心则异也。

古之贤者，其心安仁，由仁义行，无有利害得失之计较耳。

今之人则不然，其心始发，亦知"好好色，恶恶臭"，然较于利害，行虽合乎礼义，其心非仁，乃利耳。

故耳有子曰：仁者安仁，弗利弗害，直其行，性耳；智者利仁，权衡得失，迂其行，意也。

故论曰：仁者率其性，智者迂其意。以此。

——《耳有子·明儒·仁论》

或曰：不诚而仁，何谓？

应之曰：假仁也，实利焉。

昔项羽弑义帝，汉王刘邦为义帝发丧，三军缟素，传檄讨羽，是以得诸侯兵五十六万。邦，仁乎？其后刘备，小说者言"刘备摔阿斗，收买人心"，皆假仁也。

问：何以明之？

曰：邦总诸侯之兵，取彭城，羽闻之，自将精兵三万，倍道回援，夜杀入城，汉王兵将骤闻项羽兵至，皆落荒而逃，置邦于不顾也。后，邦过沛，取子盈及女鲁元，载以

行，楚骑追至，邦恐车重行迟，竟推子女堕车，幸得夏侯婴收入车中，如是者三。

呜呼！三堕其子女，邦岂仁邪？

故韩非子曰：王良爱马，越王勾践爱人，为驰与战也。

问：何谓？

论曰：行非情，乃利焉，假仁耳。

——《耳有子·明儒·仁论》

汉高祖素不喜儒，甚则溺儒之冠，故后世儒者常笑之。

或问：刘季诚不知礼乎？

曰：未必然也。

昔《汉书》载叔孙通欲为高祖制朝仪，高祖尝曰：可试为之，令易知，度吾所能行为之。

问：何谓邪？

应之曰：高祖之言，得行礼之本也。

夫行礼，其本曰仁也。故子曰：人而不仁，如礼何？何谓？

其礼之仪，己之难行，欲人能行之，不亦难乎？不仁也。

夫仁者，人人也，将心比心也。

高祖云"度吾所能行为之"者，已能行之，推己及人，人亦能行之也，是以仁矣。

——《耳有子·明儒·仁论》

昔子曰：君子矜而不争，群而不党。亦曰：君子无所争。

或问：君子不争，何也？

应之曰：君子居仁由义，何以争焉？

夫仁者，克己而恕人也。

克己者，自胜也，非胜人也；恕人者，容人也，让人也。

然则争者岂自胜乎？争者岂让人邪？

胜人曰争，争者不让，是以君子弗争，明矣。

故耳有子论曰：不争而让，非仁者难行之也。常人争利，仁者让之，是以不富。

故曰：为仁不富，不争之故也。

——《耳有子·明儒·仁论》

或曰：西汉末，王莽兴，人皆比之于周公，可乎？

应之曰：不可也，拟周公之事，而无周公之诚也。

曰：何以明之？

对曰：武王有疾，周公祀于天，愿以身代，藏策金縢，后成王发而知之，是以郊迎周公也。汉平帝疾，莽亦如此，藏策金縢，置于殿前，命诸公莫言，众皆以为莽可比周公。

其事则一，其情则二。

曰：何也？

对曰：周公诚，莽伪也。

问：何以明之？

应之曰：周公摄政七年，终返政于成王，诚社稷之臣也；莽专政于哀帝、平帝两朝，平帝有怨而莽鸩之，窃位十八载，诚社稷之贼也。

故论曰：仁则诚，贼则伪，此其证也。

——《耳有子·明儒·诚论》

或问：人有阴阳，心有虚实。何谓？

周子曰：性者，刚柔、善恶，中而已矣。

亦曰：刚善，为义，为直，为断，为严毅，为干固；恶，为猛，为隘，为强梁。柔善，为慈，为顺，为巽；恶，为懦弱，为无断，为邪佞。

周子之论，言性有刚柔，亦有善恶，四象之理也。

故耳有子曰：人之阴阳，行乃其表，心乃其里，皆本其性也。此性者，纯者源乎天，杂者本乎气。天地之性，精纯焉，诚焉，善焉。气禀之性，驳杂矣，是以或刚善，或柔善；或刚恶，或柔恶，有其别也。昔孟子执"人性善"之论，言性之天也。此性者，圣人与我皆本于一也。何以圣人与我有别也？气禀之性，或固有其别也，或明其别而反修其性，终至于善恶分也。故儒者言圣、言师、言教、言修身、言反身而诚，皆欲世人明而觉之，扬其阳而抑其阴，习久而固，同归于善也。

或问：善，何谓？

周子曰：圣人立教，俾人自易其恶，自至其中而止矣。

言刚柔之善，皆至于中，是以和其群也。故《中庸》

曰：中也者，天下之大本也；和也者，天下之达道也。

故曰：性其中，和其众，善矣。

——《耳有子·人书·性论》

下篇

儒学与自我

自我是一个常讲常新的话题。对此，笔者也一度感到迷茫。毕竟自我一直处于动态的、变化的发展过程中，故而我们只能对过去之我做阶段性小结，但不能定义整个自我。

"认识你自己"，是古希腊德尔斐神庙门楣的神谕，哲学家苏格拉底经常以此来启迪弟子。实际上，儒学体系中同样具备此理念，只是表达得更加抽象与隐晦而已。

观传统中国人的"自我认知与信念"，或许今日之我们才能真正明白自己，懂得什么才是真正意义上的中国人。

第七章　明孝道：认识自我

我是谁？从哲学角度讲，要有参照体系的存在，才能真正明白自我。一定程度上来说，"我"乃"自我"定义之"我"。即每一个人都可以定义自我，同时也可以努力超越"现在自我"，并努力实现"理想自我"，此乃笔者从哲学中演绎出的"自我哲学"。

然而，对于中国人而言，除了这些概念外，或许我们更应该清楚自己的"自我起点"在哪儿，以及我们的"历史自我"又是什么？这一切，都要先追溯至一个概念：孝。

第一节　从《孝经》看孝道

《孝经》，为孔子"七十子之徒之遗言"，它以孝为中心，从人之生命由来开始溯源，子女与父母为一体，以这一生命联系为基本，展开了对"父母""我"和"身体"等概念及其之间关系的系统阐述。"夫孝，天之经也，地之义也，人之行也。"这一概念，不仅联系生命与人伦，更与天道运行、社会运转有着深刻的内在联系。当然，这一切的展开与归因，还是要从自我说起。

《孝经·开宗明义章第一》曰：

> 仲尼居，曾子侍。子曰："先王有至德要道，以顺天下，民用和睦，上下无怨。汝知之乎？"曾子避席曰："参不敏，何足以知之？"子曰："夫孝，德之本也，教之所由生也。复坐，吾语汝。身体发肤，受之父母，不敢毁伤，孝之始也。立身行道，扬名于后世，以显父母，孝之终也。夫孝，始于事亲，中于事君，终于立身。《大雅》云：'无念尔祖，聿修厥德。'"①

开宗明义，即阐述本经的宗旨，说明孝道的义理。身体发肤皆受之父母，即我们没有资格随便改变自身的身体特征、容貌特征等，这属于最浅表的不敢毁伤层面，此乃孝道之始。其次呢？我们在社会上修身立业——"立身行道"，其目的在于扬名于后世，以尊崇父母，此乃"孝道"之终。《礼记·祭义》曰：

> 曾子曰："孝有三，大孝尊亲，其次弗辱，其下能养。"②

《论语·为政》曰：

> 子游问孝。子曰："今之孝者，是谓能养。至于犬马，皆能有养；不敬，何以别乎？"③

很显然，圣贤言孝，归乎敬矣。首先敬父母，次而敬身，继而尊亲。此乃"孝敬"之义，也是中国古人自幼养成"责任与担当"的特有之方。每个人都要对自己的父母负责，对祖先有所承诺，这种生生不息、连绵不绝的传递与担当，诚人类独有之矣。

因此，对于《孝经》，我们不能简单地从字面意义出发，而是要从信念层面理解她、回归她，只有如此，方能真正找回中国人的自我精神。那么，信念从哪里开始呢？

---

① 胡平生：《孝经译注》，中华书局，1996年，第1页。
② 〔清〕孙希旦：《礼记集解》，沈啸寰、王星贤点校，中华书局，1989年，第1225页。
③ 杨伯峻：《论语译注》，中华书局，2006年，第15页。

第二节 中国人的生活方式——"三位一体"之我

按照《孝经》所讲，我们的身体与生命受之父母，父母百年后，我们就是父母遗留在世上的遗体，即"父母的化身"。《礼记·哀公问》曰：

> 孔子遂言曰："昔三代明王之政，必敬其妻子也，有道。妻也者，亲之主也，敢不敬与？子也者，亲之后也，敢不敬与？君子无不敬也，敬身为大。身也者，亲之枝也，敢不敬与？不能敬其身，是伤其亲；伤其亲，是伤其本；伤其本，枝从而亡。三者，百姓之象也。身以及身，子以及子，妃以及妃，君行此三者，则忾乎天下矣，大王之道也。如此，则国家顺矣。"①

《礼记·祭义》曰：

> 曾子曰："身也者，父母之遗体也。行父母之遗体，敢不敬乎？居处不庄，非孝也。事君不忠，非孝也。莅官不敬，非孝也。朋友不信，非孝也。战阵无勇，非孝也。五者不遂，灾及于亲，敢不敬乎？"②

《孟子·离娄上》曰：

> 孟子曰："事，孰为大？事亲为大；守，孰为大？守身为大。不失其身而能事其亲者，吾闻之矣；失其身而能事其亲者，吾未之闻也。孰不为事？事亲，事之本也；孰不为守？守身，守之本也。曾子养曾皙，必有酒肉；将彻，必请所与；问有余，必曰，'有'。曾皙死，曾元养曾子，必有酒肉；将彻，不请所与；问有余，曰，'亡矣'。将以复进也。此所谓养口体者也。若曾子，则

---

① 〔清〕孙希旦：《礼记集解》，沈啸寰、王星贤点校，中华书局，1989年，第1262页。
② 〔清〕孙希旦：《礼记集解》，沈啸寰、王星贤点校，中华书局，1989年，第1226页。

可谓养志也。事亲若曾子者，可也。"①

在这一背景下，我们首先不是考虑如何对待别人，而先要考虑如何对待自身的问题。

首先，要敬重自身，敬身即敬父母、敬祖宗，此乃"敬身为大"之故也。其次，要爱惜自身，爱身即爱父母、爱祖宗。最后，要守身，洁身自爱，此为"孝之始"也。

总而言之，敬身、爱身、守身，其实归于一。一者，祖宗也，实先人之共名也。父母百年后，吾辈亦步其后，吾之后将继之焉。

然则人无其后，祖宗不亦亡乎？来年清明祭祖，谁为之哉？无有矣。故《孟子·离娄上》尝曰："不孝有三，无后为大。舜不告而娶，为无后也，君子以为犹告也。"东汉赵岐注解为"不娶无子，绝先祖祀"之意。近人杨伯峻解为"以没有子孙为最大，舜不禀告父母就娶妻，为的是怕没有子孙"。对此，众说纷纭，孰是孰非，读者诚能反问自心，明矣。

事实上，孝道之兴，自尧舜迄今近五千载矣。中华民族何以连绵不绝、永世咸昌？孝道得无其功邪？

诸位，扪心自问，人生不朽，谁不愿哉？然而能之者寡矣。《左传·襄公二十四年》记载晋国大夫范宣子请教鲁国来使叔孙豹（穆叔）"死而不朽"之义一事，穆叔曰："太上有立德，其次有立功，其次有立言，虽久不废，此之谓不朽。"此乃儒家"三不朽"。即通过立德、立功、立言，其声名不堕于天地之间，诚如《道德经·三十三章》曰："死而不亡者寿。"此寿者，非人之形，实人之精神长存天地之间，历千秋万代，永垂不朽矣。纵观历史长河之人，不可胜计，诚众焉；能不朽者，实寡矣。三不朽者，必扬名于后世，大孝者也，诚非常人矣。然则常人何以不朽于后世？生生不息，后嗣不绝，祖宗不亡（忘），是谓永生，庶几不朽矣。

---

① 杨伯峻：《孟子译注》，中华书局，1960年，第179页。

《说文解字》曰:"孝,善事父母者。从老(省),从子,子承老也。"《新华字典》查孝必自子部。是以民谚曰:无子不成孝,此之谓也。今之子者,女子、儿子也,孩子之谓矣。

沿此追问,则不难发现,除人伦一层关系外,我们自身还与天地有关。《论语·述而》曰:

> 子曰:"天生德于予,桓魋其如予何?"①

《荀子·礼论篇》曰:

> 礼有三本:天地者,生之本也;先祖者,类之本也;君师者,治之本也。无天地,恶生?无先祖,恶出?无君师,恶治?三者偏亡,焉无安人。故礼,上事天,下事地,尊先祖,而隆君师。是礼之三本也。②

人,天地之所生也。始生之时,天地便赋予了我们与生俱来的"天性",此为"德"也,也是"天地与我同在"之纽带也。若世人皆能顺天地之道而行之,自然"与天地同行",此乃儒者"天人合一"之旨。

当今之世,或许有人说,在现代社会里讲孝道,是否有些过时呢?这要从不同层面来讲。从思想层面或信念层面讲,孝道永不过时;但从行为层面或制度层面,有些"孝行"或许已经过时了。因此,笔者于今天所弘扬的,属于孝道层面,即思想或信念层面,至于具体的孝行,则可因循孝道的基本思想进行形式上的创新。

比如,依据孝经,我们既然是父母的遗体或祖宗的化身,那么我们的行为必然要遵循或围绕父母的意志或祖宗的遗志,这便是典型的"三重自我"的表现——天地、父母、自己的"三位一体"之我。

那么,"三重自我"分别有何意志呢?首先,天地无心,故无意,

---

① 杨伯峻:《论语译注》,中华书局,2006 年,第 82 页。
② 王先谦:《荀子集解》,沈啸寰、王星贤点校,中华书局,1988 年,第 233 页。

只需"明天理,循天道"即可,此乃"底层或第三重自我";其次,父母有心,故有意,是以考虑父母的意愿,故孝子让父母无忧、无辱、荣耀,甚则考虑到祖宗的遗志,此乃中国传统孝道精髓之所在,此乃"第二重自我";最后,自己的"意愿、欲望、意欲、爱好、志向"等,此乃"第一重自我"。具体如图7-1所示。

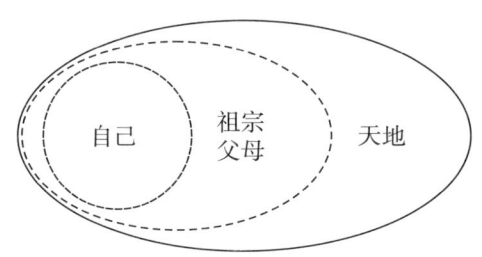

图7-1 中国人"三重自我"示意

《论语·学而》曰:

> 子曰:"父在,观其志;父没,观其行;三年无改于父之道,可谓孝矣。"①

《论语·为政》曰:

> 孟武伯问孝。子曰:"父母唯其疾之忧。"②

《论语·里仁》曰:

> 子曰:"父母在,不远游,游必有方。"③

《中庸》曰:

> 子曰:"无忧者其惟文王乎!以王季为父,以武王为子。父作之,子述之。""武王缵大王、王季、文王之绪。壹戎衣而有天下,身不失天下之显名。尊为天子。富有四海之内。宗庙飨之,

---

① 杨伯峻:《论语译注》,中华书局,2006年,第8页。
② 杨伯峻:《论语译注》,中华书局,2006年,第14页。
③ 杨伯峻:《论语译注》,中华书局,2006年,第43页。

子孙保之。"①

很明显，在现实生活中，许多父母说："不图孩子为家里做贡献，只愿孩子一生平安。"这是父母最大的"担忧"，即孔子所谓"父母在，不远游"背后的"可怜天下父母心"——对孩子的安全忧心忡忡。要求再高一点，就是"别给我丢脸就行"。对应孝道，即"不辱没父母"。若更高一点，即"给我争口气，让我荣耀一回"，这就是"三年无改于父之道"的层面。实现父母的"志向"，所对应的孝道即"尊亲"。当然，在现实中我们难免会面临这样一个问题，究竟是实现父母的志向，还是自己的志向呢？这的确是一个难题，基于种种原因，不可一概而论。《论语·为政》曰：

> 孟懿子问孝。子曰："无违。"
> 樊迟御，子告之曰："孟孙问孝于我，我对曰，无违。"樊迟曰："何谓也？"子曰："生，事之以礼；死，葬之以礼，祭之以礼。"②

《论语·里仁》曰：

> 子曰："事父母几谏，谏志不从，又敬不违，劳而不怨。"③

在这里，第一个"无违"，是"违礼"之意。礼者，天理也。故此处之"无违"即不要违反天理，即"底层自我—天地天理"之"天理"，也体现儒者"从道不从君，从义不从父"的行为精神。第二个"不违"，属于不违背父母的意志。当父母的意志与天理或义冲突时，孝子有责任进行谏诤，否则便是置父母于不义之地，是为大不孝也。故后世儒者有所发挥于此。《孝经·谏诤章》曰：

> 曾子曰："若夫慈爱、恭敬、安亲、扬名，则闻命矣。敢问

---

① 〔宋〕朱熹：《四书章句集注》，中华书局，1983年，第26页。
② 杨伯峻：《论语译注》，中华书局，2006年，第14页。
③ 杨伯峻：《论语译注》，中华书局，2006年，第43页。

子从父之令，可谓孝乎？"子曰："是何言与，是何言与！昔者，天子有争臣七人，虽无道，不失其天下；诸侯有争臣五人，虽无道，不失其国；大夫有争臣三人，虽无道不失其家；士有争友，则身不离于令名；父有争子，则身不陷于不义。故当不义，则子不可不争于父，臣不可不争于君；故当不义则争之。从父之令，又焉得为孝乎！"①

可见，"三重自我"的意志相争，最终还得根据"循天理，从正义"做出选择，其最终目的在于不能"陷父母于不义"（所谓"以顺为谏，曲从而诤"）。比如，有父母不贤者，其父晚欲盗电缆，命其子同行，子哭而谏之，父不听，奈何？此时，儿子"孝而顺"之，还是"孝而谏诤之"？不言而喻矣。《礼记·内则》曰：

> 父母有过，下气怡色，柔声以谏。谏若不入，起敬起孝，说则复谏；不说，与其得罪于乡、党、州、间，宁孰谏。父母怒，不说而挞之流血，不敢疾怨，起敬起孝。②

很显然，为何要"说（悦）则复谏"？就是体现"从义不从父"的孝道精神。《弟子规》曰："父母呼，应勿缓；父母命，行勿懒。"其实克制"第一重自我——我自己"而顺从"第二重自我——父母或祖宗"，即"克己从亲"。这与儒家"克己复礼为仁"的"克己从礼"逻辑起点是一致的。由此可见"孝"与"仁"的内在同一性。《论语·学而》曰：

> 有子曰："其为人也孝弟，而好犯上者，鲜矣；不好犯上，而好作乱者，未之有也。君子务本，本立而道生。孝弟也者，其为仁之本与！"③

---

① 胡平生：《孝经译注》，中华书局，1996年，第32页。
② 〔清〕孙希旦：《礼记集解》，沈啸寰、王星贤点校，中华书局，1989年，第737页。
③ 杨伯峻：《论语译注》，中华书局，2006年，第2页。

由此可见孝道在儒家体系中的基础入门及启蒙地位，离开"孝道"的培养，其他诸如"仁与礼"的践行难免沦为空话。

读者诸君，您清楚您的姓氏渊源和历代祖先吗？了解了这一切，知道自己为作为祖宗化身之理后，谁还能妄自菲薄呢？历史从来不是包袱，而是中华文明自强不息、永恒奋进的不竭动力。做人焉能忘本？孝矣。

天助自助者，天弃自弃者。唯有自强不息者，方能与天地同行，是故耳有子曰："循天道、守孝道者，谓之中国人。不信者，岂可名之？"

或问：世皆曰孝顺，何谓也？

应之曰：孝者，顺也。

问：孝道之兴，何故也？

答曰：夫孝，上世顺治之道也。

问：何以明之？

论曰：昔荀子有言：人之生，皆小人也。言人莫不好逸恶劳，恣情逞欲。顺是，则人将溺于欲，欲不自忍则求，求而物不足则争，以至于乱。终于强凌弱、众暴寡、智欺愚，众生何以安其性哉？

是以圣人明天生之德，不忍人类毁于欲争，故体天地之道，制礼作仪，以理人伦。

圣人晓谕万民以礼，已先服之，是以后世遂有君子之谓矣。所谓君子者，依礼而行之者也。小人明礼而行，亦为君子。反是，禽兽也！

是以世谚云：非礼者，禽兽也。生皆小人，然行礼而立则君子，背礼逞欲而动则禽兽，故人以群分于礼也。

夫礼者，治之器也。

礼始起于何？始于亲也。

圣人体亲心之慈，感亲育之艰，悲亲老衰之弱，哀亲丧之不可见。

是以诚不敢忘为人子女之报恩之心也。此心者，天心也。

夫人，生而异禀，圣人虽事亲以诚、以敬、以爱。然见众生亦有壮而弃老弱之亲者，是可忍，孰不可忍？故圣人起而作孝，以天道理人伦，是为天伦。

夫孝者，父子之亲也，天伦之基也。若无孝，人虽有父子之名，却有禽兽之行也。

是以后世颂之"百善孝为先"，诚是矣。是故为人子女者，入则孝，故出则忠；入则悌，故出则顺，此孝子忠臣之道、友弟良下之义也。

问：何故也？

昔子曰：少年若天成，习惯成自然。习之故也。家习孝则朝而忠，内习悌则外而顺。习之常也。

故曰：孝者，顺治之道也。

或问：孝顺，无不顺乎？是耶？非耶？

答曰：若父为不义而顺之，则非孝也。

故世俗所谓孝顺之孝，愚孝也，非义孝也。今之为孝者，顺而不忘义，柔气以谏，和色以诤，救父于不义，可谓孝矣。

荀子所谓"从义不从父"者，以此。

——《耳有子·治书·孝本》

或问：孝以敬先，古之王者何以行？

应之曰：王者出，必告祖庙。

问：何故也？

曰：孝子事死如事生，敬也。父在则面告，生以敬也；父没则告庙，死亦敬也。不敬，何以成其孝？孝子诚敬，非仅身敬也，实自心也。

故曰：敬于心，诚孝之谓也。

——《耳有子·明儒·孝论》

或曰：人有过，何以孝？

应之曰：知过能改，善莫大焉。知耻而后正之，锲而不舍，终成其孝也。

问：何以明之邪？

论曰：昔汉武朝，李陵兵败，不得已而降匈奴，去父母之邦而事其敌。

其不孝，甚焉！

然其后，北魏拓跋氏，名以鲜卑，实汉李陵之后也。故北魏孝文帝拓跋宏，禁同姓为婚，行华夏之礼，变华风，禁胡语，以济天下。于中华，其功大焉！

李氏之耻，终一朝雪之，文帝以孝名，不亦可乎？

故子曰：立身行道，扬名于后世，以显父母，孝之终也。

观北魏文帝之行，立盖世之功，显父母，雪祖之耻，诚大孝矣！

——《耳有子·明儒·孝论》

世俗云"棍棒底下出孝子",亦云"严是爱,松是害,溺爱出大坏"。

或问:何以明之邪?

答曰:昔《书》载云:威克其爱,允济;爱克其威,允罔功。何谓?

克,胜也;允,即也,是也。严胜爱则常济,爱胜严则多败,人之道也。

世俗谓教子之道"爱之适足以害之",何谓?

爱胜其严,故其教多败,子终罹其害。

故曰:爱不以道,害莫大焉。

——《耳有子·明儒·孝论》

或问:谚云"自古忠孝两难全"。忠孝,异耶?同耶?

应之曰:异名而同实,殊途而同归也。

何以明之?《孝经》曰:"君子之事亲孝,故忠可移于君",孝亲、忠君,其本,不亦同乎?

战国时,秦假道韩魏以攻齐,齐威王使章子将而应之。与秦交合而舍,使者数相往来,章子为变其徽章,以杂秦军。候者数言章子以齐兵降秦,王皆不应。

顷间,言齐兵大胜,左右皆怪之而问:"何以知之?"

王曰:章左之母启得罪其父,其父杀之而埋马栈之下。吾将章子而勉之曰:夫子之强,全兵而还,必更葬将军之母。

对曰:臣非不能更葬先妾也。臣之母启得罪臣之父,臣

之父未教而死，夫不得父之教更葬母，是欺死父也。故不敢。

夫为人子而不敢欺死父，岂为人臣欺生君哉？

呜呼，齐王诚明矣！章子诚孝且忠矣！

昔子言孝，曰：父在，观其志；父没，观其行；三年无改于父之道，可谓孝矣。

章子之行，不亦孝乎？不亦忠乎？

故曰：忠孝本一。此其证也。

——《耳有子·明儒·孝论》

第八章　知天命：成就自我

有人说，从孝道中，我看到了"三位一体"之我，除天理外，更多体现的是祖宗、父母的意愿或意志，那"我自己"呢？这就是本章需解决的核心问题。

实话说，相对于认知自我而言，认知过去之我更为简单，我们只需要略做回忆，便可以对"过去之我"有总结性的判断，但那只是"过去之我"，却不一定是"真正之我"。为什么呢？

因为，我们每一个人始终在前进着，变化着，发展着。比如，今天我读了一本经典，对一个观点有了更深入的领悟，思想观念达到了一个全新的高度。此时此刻，我的身体貌似没有变化，但我的思想已经发生了本质上的改变。今日之我，已胜昨日之我，进兮化兮。

三国时，鲁肃听闻吕蒙之论，大惊曰："卿今者才略，非复吴下阿蒙！"吕蒙曰："士别三日，即更刮目相待，大兄何见事之晚乎？"什么意思？人只要愿意学习、前进，便可以发展自我，成为自己想成为的人，每个人都有定义自我的能力，只要他（她）愿意。人，如何能停止不前呢？

有人说，无论怎样，人最终都难逃命运的左右，不是说"听天由

命"吗？既然如此，那又何必白费劲呢？不是说"死生有命，富贵在天"吗？既然有"天命"，那谁又能"定义自我"？一切都不过是妄想罢了。此论大谬，悖圣人之旨远矣。君不见历史长河中，能够克服种种、成就自我者比比皆是吗？不见今世"成功者"亦触目皆是？这里所谓的成功者，不就是那些用心"定义自我"且"成就自我"的人吗？

那么，问题来了，什么是天命呢？

不是说"人的命，天注定"吗？

未必然也。不是还有"我命由我不由天"之论吗？

那么，中国人的"命"究竟是指什么呢？

为何要"尽人事"而后方可"听天命"……

变化者，变而化也。变之有向，是进还是退？即人是进化，还是退化呢？是升华，还是堕落呢？让我们一起来看一看关于这一切，古人是怎么对待的呢？

第一节　孔子之天命，诚自强不息也

儒家天命观始于孔子，究竟什么是天命呢？《论语》中有诸多记载。《论语·子罕》曰：

> 子罕言利与命与仁。①

《论语·为政》曰：

> 子曰："吾十有五而志于学，三十而立，四十而不惑，五十而知天命，六十而耳顺，七十而从心所欲，不逾矩。"②

《论语·季氏》曰：

---

① 杨伯峻：《论语译注》，中华书局，2006年，第98页。
② 杨伯峻：《论语译注》，中华书局，2006年，第13页。

> 孔子曰："君子有三畏：畏天命，畏大人，畏圣人之言。小人不知天命而不畏也，狎大人，侮圣人之言。"①

《论语·尧曰》曰：

> 子曰：不知命，无以为君子也；不知礼，无以立也；不知言，无以知人也。②

孔子虽然很少直接谈论命或天命，但其中还是蕴含了两个关键点：其一，君子知天命、敬畏天命，小人无知而无畏也；其二，孔子五十而知天命。简言之，人不知天命则无畏，是以不知止，最终以至于妄为。那么，究竟什么是天命呢？孔子的天命又是什么呢？《论语·子罕》曰：

> 子畏于匡，曰："文王既没，文不在兹乎？天之将丧斯文也，后死者不得与于斯文也；天之未丧斯文也，匡人其如予何？"③

《论语·先进》曰：

> 颜渊死。子曰："噫！天丧予！天丧予！"④

公元前496年，孔子从卫国至陈，途经匡地。匡人深受鲁国阳货的暴虐与劫掠，孔子长相与阳货相似，故匡人以孔子为阳货而围之。弟子们焦急万分，孔子则坦然自若，认为自周文王去世后，中国传统的礼乐文化聚于己身，自己就是华夏文明的继承者与传播者，如果老天要消灭中华文化，自己也无法幸存；如果老天不消灭文化，那么匡人最终也是不会为难自己的。这其中自是有着一种相信"天命在我"的坦然与沉着。

众所周知，孔门弟子中，颜回是孔子最得意的门生，孔子希望颜

---

① 杨伯峻：《论语译注》，中华书局，2006年，第199页。
② 杨伯峻：《论语译注》，中华书局，2006年，第238页。
③ 杨伯峻：《论语译注》，中华书局，2006年，第100页。
④ 杨伯峻：《论语译注》，中华书局，2006年，第128页。

回能传承其大道,继续将中华文化传于后世。《论语·述而》有云:"子谓颜渊曰:'用之则行,舍之则藏,惟我与尔有是夫。'"此二句可证明颜回在孔子心中的地位,一方面是自己喜爱的弟子,情也;另一方面是自己学问衣钵的传承者,义也。可惜颜回先自己而去,孔子忍不住大喊:"老天这是要了我的命啊!"

由此我们不难理解,所谓"天命",即人们认为的"老天赋予的责任与使命"。简言之,任何人来到这个世界上,都是为了完成某一种"天命"。孔子的天命是什么?传承与弘扬中华礼乐文明之道(即"人道"),故孔子为了实现自己的"天命",在母国鲁国实践受挫后,便奔走于天下,辗转于诸侯之间,致力于推行中华大道。最终,在年岁的消逝中,经历了不断碰壁之后,孔子借助教育与笔削春秋等方式实现了自己继承与传播的目标。关于孔子天命与使命之间的关系具体如图8-1所示。

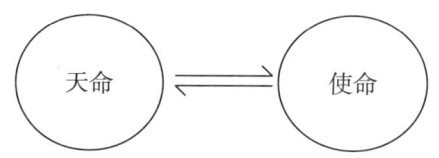

图8-1　孔子之"天命"与"使命"示意

天命者,天之所命也,非人所能自命也。事实上,今人即使再自信,也有一个铁的事实摆在面前,这是我们永远无法回避与否认的,即我们来到这个世界上,并非一种主动选择的结果,这就是命。命者,命定也。我们的禀性(个性)气质等一出生就已经注定了,这是不争的事实。

为何孔子到了五十才知其天命呢?实际上,认识自身之天命需要有一个过程,一个不断认识自身禀性、能力、性格的过程,一个不断肯定与否定、坚持与放弃、被动与主动的自我选择的过程,人在这一过程中不断经历、不断成长,从而逐步明白或接近自身的天命。《论语·子罕》曰:

太宰问于子贡曰："夫子圣者与？何其多能也？"子贡曰："固天纵之将圣，又多能也。"

子闻之，曰："太宰知我乎！吾少也贱，故多能鄙事。君子多乎哉？不多也！"①

太宰问子贡，孔子真的是圣人吗？为何如此学识渊博、多才多艺呢？子贡解释道："老天本来就要夫子成圣，自然赋予他许多能力。"但孔子的解释又是怎样的呢？贱者，地位低下也；鄙事，粗活也。孔子说："我小时候地位低下，所以锻炼出了多种能力，真正的君子会有那么多的技艺吗？不会的。"

孔子一生的事迹大致可概括如下：

15岁开始学习文化；

19岁为"委吏"（仓库管理员）；

20岁作"乘田"（畜牧管理员）；

26岁兴办私学，主张"有教无类"；

30岁有所成就，齐景公访鲁国，召见孔子；

34岁鲁乱，鲁昭公出奔齐国，孔子之齐，齐景公召见，拟封孔子而遭晏子谏止；

48岁，鲁定公6年，孔子为司空；

53岁，定公11年，孔子为鲁国司寇，七日诛少正卯，鲁国大治；

55岁，定公13年，孔子离鲁，周游列国……

从中可见，即使是圣人，其一生之中也难免会经历许多无可奈何。在人生旅程中，有时候我们会深切地体会到什么叫身不由己。形势不由人，只能被这滚滚洪流裹挟着向前走去。而即使是在波折与动荡之中，圣人也能够做到知己与知晓天命。具体如图8-2所示。

---

① 杨伯峻：《论语译注》，中华书局，2006年，第101页。

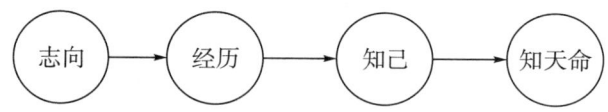

图 8-2　不经历，何以知己；不知己，何以知命

在不断的挫折与失败的磨砺下，我们越来越了解自己的禀性、能力与性格，这便是"知己"。但在现实中，多数人的理想或志向被一点点地磨灭，最终消失殆尽。孔子则不然，即使在春秋末期，天下淆乱不止也依然没有磨灭他的志向——始终志于道，弘道于天下。临终之前，他依然耿耿于其"天命"。《论语·宪问》曰：

> 子路宿于石门。晨门曰："奚自？"子路曰："自孔氏。"曰："是知其不可而为之者与？"①

明知不可为而为之，是孔子天命意识最真实的写照。天命是什么？上天赋予每个人最恰当的使命，因其不可违背，故只能"守"和"行"，尽自己最大的努力去实现，这就是"尽人事"。

很多人根本就没有尽心，更没有尽力去践行，就轻易地放弃了自己的志向，便只会自我安慰说"听天由命"。问题在于，我们真的知道自己的天命吗？我们真的努力了吗？真的全力以赴、至死方休过吗？孔子以其一生尽心尽力地去践行其志向，弘道于天下，这才是真正的"听天命"。《论语·宪问》曰：

> 子曰："莫我知也夫！"子贡曰："何为其莫知子也？"子曰："不怨天，不尤人，下学而上达。知我者其天乎！"②

《论语·阳货》曰：

> 子曰："予欲无言！"子贡曰："子如不言，则小子何述焉？"子曰："天何言哉？四时行焉，百物生焉。天何言哉？"③

---

① 杨伯峻：《论语译注》，中华书局，2006 年，第 178 页。
② 杨伯峻：《论语译注》，中华书局，2006 年，第 176 页。
③ 杨伯峻：《论语译注》，中华书局，2006 年，第 211 页。

由此可见，圣人之举才是对"尽人事，听天命"的完美阐释，二者间的关系具体如图8-3所示。

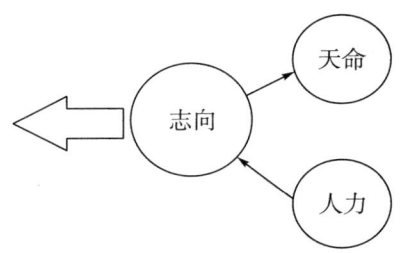

图8-3　人生志向与人力、天命关系示意

《孔子家语·困誓》曰：

> 子贡问于孔子曰："赐倦于学，困于道矣，愿息而事君，可乎？"孔子曰："《诗》云：'温恭朝夕，执事有恪。'事君之难也，焉可息哉！"
>
> 曰："然则赐愿息而事亲。"孔子曰："《诗》云：'孝子不匮，永锡尔类。'事亲之难也，焉可以息哉！"
>
> 曰："然赐请愿息于妻子。"孔子曰："《诗》云：'刑于寡妻，至于兄弟，以御于家邦。'妻子之难也，焉可以息哉！"
>
> 曰："然赐愿息于朋友。"孔子曰："《诗》云：'朋友攸摄，摄以威仪。'朋友之难也，焉可以息哉！"
>
> 曰："然则赐愿息于耕矣。"孔子曰："诗云：'昼尔于茅，宵尔索绹，亟其乘屋，其始播百谷。'耕之难也，焉可以息哉！"
>
> 曰："然则赐将无所息者也？"孔子曰："有焉。自望其广，则罩如也；视其高，则填如也；察其从，则隔如也。此其所以息也矣。"
>
> 子贡曰："大哉乎死也！君子息焉，小人休焉，大哉乎死也！"①

---

① 杨朝明、宋立林：《孔子家语通解》，齐鲁书社，2009年，第262~263页。

子贡过于疲累，遂起懈怠之心，便问孔子能否"息于事君"，孔子答曰"否"。子贡继续问"息于事亲、妻子、朋友、耕作"，孔子皆以"否"答。最后子贡说："难道我无所休息吗？"孔子说："唯有死后埋在坟茔里，才可以彻底休息。"这就是"自强不息"的精神实质。是故君子欲听天命，必先自强不息、至死方休矣。

第二节　孟子之天命，修身不懈，待时而立也

的确，在孔子时代，天命诚难言，但在后世诸子中，天命日渐凸显，亦有可操作性也。《中庸》曰：

> 天命之谓性，率性之谓道，修道之谓教。道也者，不可须臾离也，可离非道也。①

天命是什么？天命于人者，性也。这便将天命落实到了可操作层面。性是什么？天赋予人之禀性，人生而固有之者。那么，如何理解"性"与"天"的关系呢？《孟子·尽心上》曰：

> 孟子曰：尽其心者，知其性也。知其性，则知天矣。存其心，养其性，所以事天也。夭寿不贰，修身以俟之，所以立命也。②

孟子的观点承袭《中庸》而来，人的天命其实体现在自身的天性上。所谓性情中人，其天性经常被自身的情欲遮蔽或干扰，因而需要"尽心知性而知天，存心养性而事天"，此乃修身也。而修身不倦，始终如一，以俟之。俟，即等待，等待什么？时机也。从而得以抓住时机以"立命"也。具体过程如图8-4所示。

---

① 〔宋〕朱熹：《四书章句集注》，中华书局，1983年，第17页。
② 杨伯峻：《孟子译注》，中华书局，1960年，第302页。

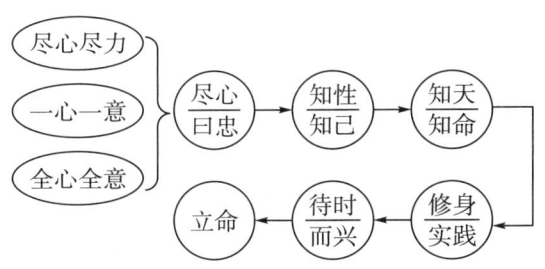

图 8-4　人不尽心修身，岂能知己、知天、知命？待时而兴，立命矣

问题来了，人为何要等待时机呢？《易·系辞下》曰："君子藏器于身，待时而动，何不利之有。"《孟子·公孙丑上》曰："齐人有言曰：'虽有智慧，不如乘势；虽有镃基，不如待时。'"上文孔子之志向清晰可知，为何终不能成？及至汉武帝时，又如何得以成？时遇与不遇之故也。

君子得时则达，不得时则穷焉。穷达，由奈何？《孟子·尽心上》曰："穷则独善其身，达则兼善天下。"何谓？善其身者，缮其身也，即修身之谓也。而"时"者，儒谓之"遇"；《易》之术，谓之"运"也，即所谓人生际遇也。

人生成败与否、穷达与否，并非完全取决于人的努力，同时也要看"时机"。君子诚知天命，是以时机未至，则修身不倦，学习不止，不断精进，此乃积极等待之意也，区别于普通人的消极等待，白白地浪费时间。一旦时机成熟，君子乘时而兴焉。故君子一时固穷，终达矣。

命者：志也，性也，时也。综合孔孟二人的论述，我们不难得出以下判断：

天命在于人，志耳；人生在世是肩负着某种使命的，老天对你有安排，就是所谓的"人命于天"。但这使命究竟是什么，就需要我们自己去探索与寻找，从而确定自己的志向。故曰：命者，志也。

尽力在人，立命在天。人之所以确立此志而非彼志，性格使然也。《中庸》所言"天命之谓性"即如此。一个人要实现自己的志向，

需要有相应的才能与心性，这一方面取决于人之天性，另一方面取决于自身的修养与磨炼，即"修身"，从而使自身的性格与志向相匹配，此乃"配命"。但即使性格合适，才能具备，也未必能实现自身的志向，为什么呢？不得时也。天时不与，徒呼奈何？因此，人欲"立命"，然非其性、无其时，枉然矣。故曰：命者，性也，时也。

第三节　人之命，天人共定也

事实上，汉时儒者言："命则有三焉，一曰正命，二曰随命，三曰遭命。"何谓？

首先，何谓正命？

正命者，受天地之正也，故名正命，亦名本命也，大命也，受命也。《易》中称为"本命卦"之命，即人初生之时所禀受天地之气有厚薄、清浊之异，故人的寿命有长短之差、人生际遇有穷达之异等，此皆天地赋予者也，统称"天之命"。

《孟子·尽心上》曰：

> 孟子曰："莫非命也，顺受其正；是故知命者不立乎岩墙之下。尽其道而死者，正命也；桎梏死者，非正命也。"①

什么意思？"顺受其正"者，即顺天地所禀之天性而行也，亦即顺天地之道而行，不妄作，尽天地禀受之气而终者，谓之正命。从某种意义上讲，每一个人的正命在其出生之时便已经注定了，对此，应"明天理，顺其自然"，勿意，勿必，勿固，勿我。

人生的"志向"，即"意志"也，在天命面前，唯有"循之，顺之"，方能实现，若本身的志向与自然之理相背，则难以得意矣。故曰：欲得意（志向）于天下者，必知天命也。此命者，自然之法，天

---

① 杨伯峻：《孟子译注》，中华书局，1960年，第301页。

道也。可见，天命、天道、自然规律，不过异名而同实。

其次，何谓随命？

即行之在前，命之在后。此命者，报也。简言之，施人以善，则反报之以善；施人以恶，则反报之以恶。善恶之报，皆随人之行也。此乃天理循环，报应不爽。在这里，我们不难发现，"随命"，其实受人的观念与行为左右。简言之，我们的观念决定了我们的"随命"。具体如图8-5所示。

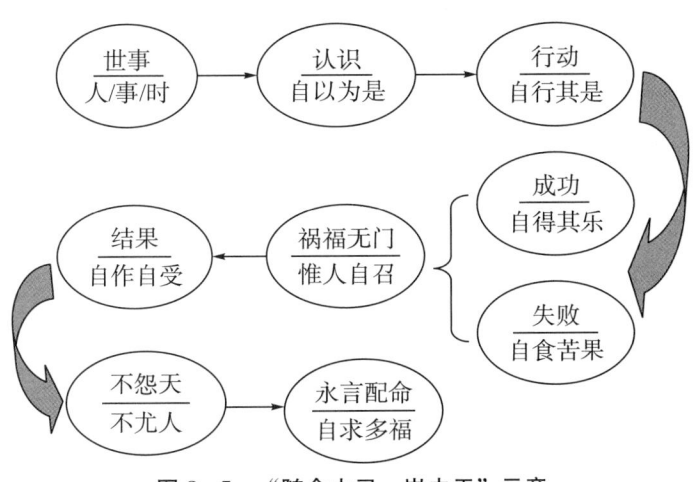

图8-5 "随命由己，岂由天"示意

由图可知，要想有所成就，关键在于要掌握自身之"随命"。而掌握"随命"的关键又在于提高自身的认知水平，优化自己的认知模式与结构，这就是教育的价值所在。倘若对事物的认识到位，接近真理真相，自然决策正确，行为得当，如此便更易获得成功，当然自得其乐。相反，若认知水平较差，偏离事情的本质与真相，便难免会做出错误的决策，最终只能是自食苦果。其实，虽然人的"正命"无可奈何，但"随命"尽掌握在自己手中，"尽人事"，主要就从改善"随命"开始。

孟子尝曰："天时不如地利，地利不如人和。"其实，世间万事皆蕴含"时""理""人"三大关键要素。要知道，世上之事，非一人能独成也。是以诚知"随命"者，不断努力学习、实践，提升自己认识

事物规律的水平以及识别天时的能力，同时修身以"得人"，这就是正确的"随命"应对态度。

当然，"随命"除了自身的努力外，还有一个不可忽视的因素，就是家族传承的影响。在《周易》看来，天地之间，天与人、人与人、人与物之间相互感应，故家族祖宗的"善恶之行"亦将影响后世。祖宗积德于天下，后世子孙亦受其福报；若祖宗积殃于天下，后世子孙则受其祸报。《周易》有云："积善之家，必有余庆。积不善之家，必有余殃。"

最后，何谓遭命？

事实上，由于信息不对称、情理不对称，容易导致"付出与回报"的错位，甚至"行善反遭恶报"，奈何？此乃谓之"遭命"也。

为何会出现"遭命"这一现象呢？众所周知，宇宙之间，世界有二，其一，物质的世界；其二，人的世界。物质世界的存在是客观的、必然的，而人的世界里，既有必然，亦有偶然。为何如此呢？因为人有心，人心思变之故也；因为人有情，情变矣。

诸位，"遭命"是偶然的，也是无可奈何的。但我们不能因为"遭命"的偶然存在，就放弃了"必然"的"随命"，这是不理性的。简言之，遭命属于偶然的"万一"的范畴，而不是必然的"一万"领域。这就要求我们安时而处顺，既来之，则安之。

综上所论，我们不难发现中国人的"命"——正命、随命、遭命之中，"随命"由人，其他二者由天，因此说命运是由"天与人"共定的。具体如图 8-6 所示。

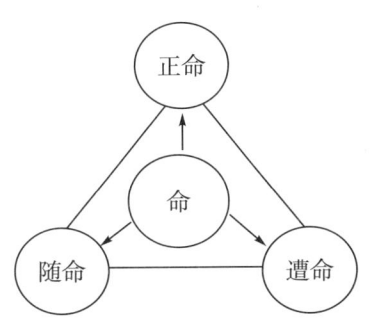

图8-6　儒家天人共定"三命说"示意

既然天人共定命,那么我们究竟该如何做呢?笔者以为,正命者,顺天地之道而行之,顺其自然也;随命者,尽心尽力地遵循与利用天理,以实现自身的志向;遭命来时,坦然受之。所谓"尽人事,听天命"也。

第四节　尽心修身,成就自我

《诗》云:"永言配命,自求多福。"修身以配命,修身以求福报,修身以知己。什么是知己?人的潜力是未知的,不修身,何以自知?

那么,究竟该如何修身?途径有二,其一,学习;其二,实践。前者是书本上的知识,属于间接经验;后者是实践中的知识,属于直接经验。二者缺一不可。同时,在实践之中摔打、磨砺,更能激发自身的潜能,从而迸发出自己未曾想象过的能力,这就是深度挖掘自我、认识自我的过程。《孟子·告子下》曰:

> 孟子曰:"舜发于畎亩之中,傅说举于版筑之间,胶鬲举于鱼盐之中,管夷吾举于士,孙叔敖举于海,百里奚举于市。故天将降大任于是人也,必先苦其心志,劳其筋骨,饿其体肤,空乏其身,行拂乱其所为,所以动心忍性,曾益其所不能。人恒过,然后能改;困于心,衡于虑,而后作;征于色,发于声,而后喻。入则无法家拂士,出则无敌国外患者,国恒亡。然后知生于

忧患而死于安乐也。"①

孟子列举舜、傅说、胶鬲、管仲、孙叔敖、百里奚等人事迹，基本上有一个共同的特点，即皆经受众多苦难与磨砺，最终成就自己辉煌的一生。一个人在困难面前不放弃、不妥协，始终坚韧不拔地前行，将自己打造得更强大、更坚韧，才是修身最佳的途径。孟子说"动心忍性，曾益其所不能"，修身不倦，精进不断，自然能够持续塑造自我、定义自我、成就自我。具体如图 8—7 所示。

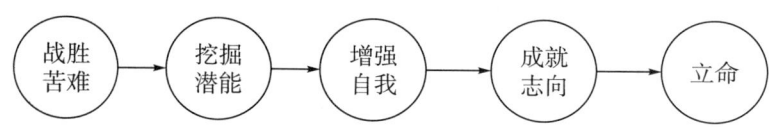

图 8—7　战胜忧患，发展自我，成就志向，立命矣

今人常说："性格决定命运。"而性格中的习性是完全可以通过修身的方式来实现的，所以说修身可以改变命运。当然，不同性格的人适合做不同的事情，若能找到适合自己性格的事业，可谓"配命"矣。但事实上，适合做的事，未必是自己喜欢干的或想要干的事，如此则难免有所错位。《论语·里仁》曰：

> 子曰："富与贵，是人之所欲也；不以其道得之，不处也。贫与贱，是人之恶也；不以其道得之，不去也。君子去仁，恶乎成名？君子无终食之间违仁，造次必于是，颠沛必于是。"②

《论语·述而》曰：

> 子曰："富而可求也，虽执鞭之士，吾亦为之。如不可求，从吾所好。"③

---

① 杨伯峻：《孟子译注》，中华书局，1960 年，第 298 页。
② 杨伯峻：《论语译注》，中华书局，2006 年，第 39 页。
③ 杨伯峻：《论语译注》，中华书局，2006 年，第 78 页。

《论语·述而》又曰：

> 子曰："饭疏食饮水，曲肱而枕之，乐亦在其中矣。不义而富且贵，于我如浮云。"①

孔子之论，今人亦有同感。人生在世，所欲同也，但如果以不义之举去获取富贵，则非君子所为。为何孔子不要"不义之富贵"呢？因其不合乎天道、天理，即不合乎正命、随命，所以即使眼前获得了，也终究会失去；即使当世侥幸，终会贻害子孙。因此，孔子说："不知命，无以为君子。"亦曰："君子畏天命。"知命则有畏，有畏则知止，知止方能无咎。

事实上，富贵者，人之所欲也，但未必为人之所好。譬如孔子所好者，学问也，道德也，非富贵之欲。当这两者发生冲突时，孔子的选择是"弃其欲，从其好"，而且在实际的人生选择中，孔子至死不舍其志矣。

但在现实生活中，所好者未必为其所志，所欲者未必为其所好。所谓"所好"者，喜欢也，爱好也，乐在其中者也，情也，比如读书；所欲者，欲求也，欲望也，欲也，比如富裕；所志者，人生理想也，志向也，意也。三者间的关系具体如图8-7所示。

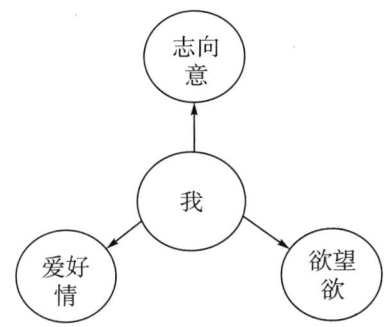

图8-8　"志向、爱好与欲望"示意

---

① 杨伯峻：《论语译注》，中华书局，2006年，第80页。

  关于情、意、欲三者，每个人的选择是不一样的。对于儒家学者而言，一个人如果一味纵情欲肆，那么他大概率属于"小人"范畴。而如果一个人的时间与精力多用于实现自己的志向，则他基本上属于"君子"范畴，即所谓"君子乐得其志，小人乐得其欲"，此乃两种不同层面之乐也。

  当然，在现实生活中，人难免会被生活所牵绊，不得不应付生活所需及人之所欲。因此，不少人为了金钱而抛弃了自己的所好与所志，结果人虽然富裕了，但未必快乐。毕竟，没有实现所好与所志，总归是有遗憾的，对此，不少人将此结局归因于"命"。但实际上，归根结底，是因为我们轻易放弃了自己的志向，放弃了自己身上所肩负的天命，而只是追求了一点欲望而已。

  不言而喻，被金钱和欲望驱使而做事，不仅心累，而且未必能如人所愿；而若是为了实现自己的志向去做事，虽然前期可能进展会比较缓慢，但只要持之以恒、努力钻研、积极进取而不松懈，终归有柳暗花明的一天。即使终其一生仍未能得意、如愿，但只要自己尽心了，也就无所遗憾，此乃孔子所谓"命矣夫"。

  问题的关键在于，我们真的尽心了吗？为何孟子言"尽心乃知性，而后知天"？

  读者诸君，请自问以下问题：

  你知道老天赋予自己的"禀性"究竟是什么吗？

  你知道自己的"禀赋"边界在哪里吗？

  你知道自己来到这个世界上的"天命"（使命）是什么吗？

  你知道自己究竟想要什么吗？所好？所欲？所志？

  你想实现自己的志向（意志、理想、梦想）吗？

  你真的尽心了吗……

  所谓尽心者，忠也。尽心曰忠，其心尽至于无他意，唯有一心耳。简言之，尽心则一心，所谓尽心尽意，即一心一意也。而一心一意，即全心全意、全力以赴。这是忠于自我意志、志向的人生态度。

而真正忠于自我的人,做事时一定是聚精会神、一丝不苟的,久而久之,则专心致志矣。具体如图8-8所示。

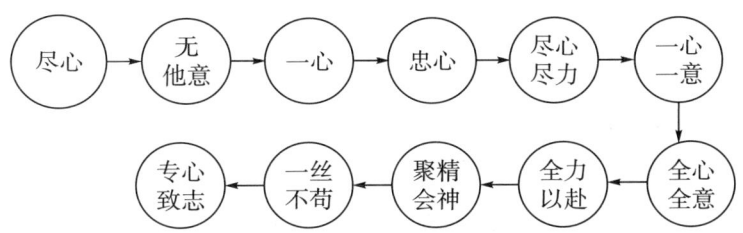

图8-9　我尽心了吗?我全力以赴吗?我专心了吗?

忠于自我者,不会三心二意,而只会一心一意地对自己的志向负责任。什么是自我?志向即自我。一个人若连自己的志向都不忠,于他人便更无从谈起,也无从得知"自我禀性"的边界,遑论上天对自身的厚爱。本来天赋予人以多种可能性,但因为懒惰,因为半途而废,人之所能运用往往太少太少,诚"浪费自我"也。

不尽心,岂曰听天命?诚自弃耳。

或问：非其时，奈何？

曰：待之也。

子曰：君子藏器于身，待时而动。

淮南王书曰：圣人畜道以待时。皆言待时也。

《易·归妹·六三》曰：归妹以须，反归以娣。

何谓？

须，待也。六三之爻，处下体之上，有欲为室主之象，然居不当位，所欲非其时也，故宜反归待时，以娣乃行也。

故淮南王书曰：得在时，不在争。此之谓也。

——《耳有子·明道·时务》

或问：君子之动，何所据耶？

曰：修德以成器，以至于不器，待时而动，可也。

何以明之？《易·系辞下》曰：君子藏器于身，待时而动，何不利之有。何谓器？

子曰：工欲善其事，必先利其器。器者，工具也，才能也。

世俗云：成器，实言"成才"也。何以成器哉？修其身，积其德，德才兼焉。

子亦曰：君子不器。

何谓？

《易·系辞上》曰：形而上者谓之道，形而下者谓之器。子欲君子达于道也，岂不闻子"朝闻道，夕死可矣"之叹乎？

故曰：道不器，大器也。

故耳有子曰：君子积德不休，蓄道不止，待时而举，是以常成。

——《耳有子·明道·积累》

或问曰：穷之时，君子将何以处？

曰：固其守，正身修德，畜道以待时也。

昔孔子在陈绝粮。从者病，莫能兴。子路愠见曰：君子亦有穷乎？子曰：君子固穷，小人斯滥矣。何谓？

夫明道者，皆知阴阳以时成，是以阳不可常，阴不可恒也。故世俗云：月有阴晴之圆缺，人有旦夕之祸福。穷者，阴也；达者，阳也。君子明道而心达，不以身穷而改其志、移其守也，是以"固穷"也。小人则不然，不明大道，亦无其守，是以滥也。

故《易·困》曰：困，亨。贞，大人吉，无咎。有言不信。何谓？亨，通也，达也。君子虽穷，然其心亨，是以守其正，修其德，积其行，待时而动，故无妄为，是以无咎。小人处穷之时，心不达而思变，身不修而妄言，其言何以信哉？

故曰：君子固穷而达，小人善变而穷。

——《耳有子·明儒·君子》

儒者言"天命"，亦尚"尽人力"之"随命"，非唯"命"。道者虽不言命，然亦顺乎"自然"，自然者，自然之法也，必然也，其实亦"命"矣。

耳有子曰：道生万物，万物皆循道，是故知道者，"主动"从道，顺乎自然，无不遂也；不知道者，顺己之意，挫焉折焉困焉，其悟者"被迫"从道，终有成焉；其迷者诿过于外，怨天尤人，无所成矣。

以是观之，"自然"者，"必然"也，命也。"意志"者，人之欲求尔。是故欲得"意"于天下者，循必然之道，顺自然之理，明矣。

——《耳有子·明道·自然》

俗云：尽人事，听天命。何以明？

昔程子曰：人之于患难，只有一个处置：尽人谋之后，却须泰然处之。有人遇一事，则心心念念不肯舍，毕竟何益？若不会处置了放下，便是"无义无命"也。诚是哉！

夫事之成，有三焉。一曰事逢其时，天时之谓，俗谓"运、遇"也；二曰事有其理，俗云"得道"也；三曰事须其人，俗云"得人、人和"也。

是故人若事致成，其要在循道、和人以遇时也。人不学、不行、不勤，无以体大道也，故《淮南子》曰：圣人蓄道以待时。蓄者，学以积、行以体道也。是故人谋者，循道以就义，和以得人，如此而已矣。

夫时者，可侯之，不可强之矣。

故庄子曰：安时而处顺。知命之谓也。

——《耳有子·明儒·命论》

吾人所谓"命"者，尝云"行之在前，命之在后"何谓？

命者，行之果报，非行也。是故伊氏之言，实不知命，明矣。

俗云"谋事在人"，然成事者，谁也？

俗亦云"成事在天"，天命之谓也。

耳有子曰：人之行，皆决于人之意，诚然也；然事之成，孰能定之？

夫事者，人与其中，然其成，必合乎天时、循乎事理、和乎众矣。

故曰：谋在己，成在天。此之谓也。

或问：成在天，考其实，何谓？

应之曰：天者，天时也，天理也。事逢其时，天时也；事有其理，天理也。合乎天时天理，不遇其人，事亦难成矣。

或怪曰：何也？

耳有子曰：岂不闻"人生事"乎？人可成事，亦可败事也。是故俗云"成也萧何，败也萧何"，实"成败由人"也。

夫事者，逢时循理，本"易成"矣。然"逢时循理"而有所不能成者，何也？己欲成，而人不欲成之，是以阻而难之，终败矣。

是故欲成大事者，必得其人。

耳有子曰：谋事而不得人者，虽时必失，虽理必谬，其

事，焉可成？

故曰：谋在己，成在人。

——《耳有子·人书·命论》

或问：天，必乎？

应之曰：夫天，无心者也，是故天道无情，理耳。夫理，其质固也，其数一也，其应必焉。

故曰：天道固然，必之谓也。

或问：人，必乎？

应之曰：人则不然，未必也。

何以明？

夫人，有心者也，是故人道由理，亦由情焉。由理者，则必焉，今"必然"之谓也；由情者，则未必也，今之"偶然"之谓也。何以明之？夫情，其质柔也，其数二也，其应未必焉。譬如，世之事皆生于人，若众皆循理，则事之成败，必焉；若有循理者，亦有肆情者，则事之成败，未必也。

耳有子曰：以命言之，随命者，命随其行，必焉；遭命者，未必也。

何以致之邪？

夫人有心，阴阳遂兴矣。必者，理也，本乎天也，阳之属也，信之者则安之；未必者，情也，由乎人也，阴之属也，信之者则幸之。

故曰：天必焉，人幸焉。信天乎？信人乎？信天者安之，信人者幸之，皆自取尔。

——《耳有子·人书·命论》

或问：人奈何修身也？

人在世间行，或得其志，或逞其欲，或率其情，必皆望其成尔。然世之事不如意者，十之八九，奈何？

俗曰：尽人力，听天命，如此而已。言则是焉，何以尽？何以听？

是故必先知天人之分矣。夫人，身体也，性也，生而有之焉，故属乎天。情也，欲也，意也，志也，知也，行也，己之所宰者，故属乎人。

天固有之，无可奈何焉，听天者则保其身、全其性、完其命也；背天者残其性、害其命，甚则灭其身，是故人不可不修身以从天，是听者也。

人力则不然。节情止欲，诚心立德，以顺天性，修身也；尽心穷理以达知，专心恒行以致志，是尽者也。若此，事有不成，志有不遂，命使然尔，我无憾矣。

俗云：谋事在己，成事在天。不亦命乎？以是观中西之法，类焉。故君子明乎天人之分，有所听焉，有所尽焉，以此。

——《耳有子·人书·命论》

今有"性格决定命运"之说，性格，何谓也？

昔子曰：性相近也，习相远也。夫子言"性"，天之所赋也，"天性"之谓也。

儒者言性，有三焉。一曰天性，夫子之谓也；二曰禀性，气质之谓也；三曰习性，习惯之谓也。天性者，人之所同也；禀性者，人之所异也；习性者，人之所历也。

今之"性格"者，本乎"禀性"，成乎"习性"也，是故人之"性格"相异，常也。所谓"命运"者，人之所历而名之终者也。

夫人，事同，时亦同，然观其终，则或成或败，或吉或凶，或利或害，何也？"性格"不同耳，故命亦异矣。

耳有子曰：人之性者，在天则同，在人则异，是故事同人异，命也。

是故君子以人治人，非以己治人，何也？知命也。

故子曰：不知命，无以为君子，此之谓也。

——《耳有子·明儒·修身》

或问：忠言尽心，亦言一心，何也？

应之曰：尽心，一心，实一焉。

夫人之心，尽则无余，是以必一焉。若心有余，则不止于一也，故二、三其心矣。

俗云"留心"，言心存其疑，非一心焉。

孟子曰：事亲若曾子，可也。程子曰：孟子之言，未尝以曾子之孝为有余也。何也？尽心者，可谓诚孝矣。

耳有子曰：夫人心，尽之则无其余，是以一焉。

故曰：尽心至于一，忠之谓也。

——《耳有子·明儒·忠论》

耳有子曰：忠生一，一生敬，敬生勤，勤生公；反之，弗忠生二，二生懈，懈生懒，懒生私。

故曰：忠必勤。

——《耳有子·明儒·忠论》

第九章　天人合一

事实上，人世间之事，尽心为之，然成否，亦听之于天命也，故孔子叹"命矣夫"。

那么，"天"究竟意味着什么呢？为何中国人要讲求"天人合一"呢？究竟该如何做才能实现呢？

第一节　中国传统之天，究竟是什么

从前文可知，人乃天地所生，此生命之本源。那么，天究竟意味着什么呢？

一、《易》之天，造物主也

在《易》中，我们可以清晰地看到"天地生化万物及人"这一卦象的演绎逻辑，因此，人必须效法天地之道而行。

《易·乾·文言》曰：

> 夫大人者，与天地合其德，与日月合其明，与四时合其序，与鬼神合其吉凶，先天而天弗违，后天而奉天时。天且弗违，而

况于人乎？况于鬼神乎？①

《易·乾·象》曰：

> 天行健，君子以自强不息。②

《易·坤·象》曰：

> 地势坤，君子以厚德载物。③

引文中之君子者，大人也。所谓法天者，顺而不违也。是故君子循天时，因天性，体天德，至则合一，圣矣。在这里，天地者，宇宙之造物者也，而人的禀性受天地所赋予，故曰天性。

从《易》中可知，天地乃最原始、最高层级的存在，而人、鬼神，乃天地之受造物。

二、《书》之天，主宰之神也

众所周知，在夏王朝之前，中国曾存在尧、舜、禹三圣帝的禅位时期。其时，天下为公，天下乃天下人之天下，非一人之天下，故天子之位传于贤者，譬如尧传舜、舜传禹，形成了"传贤不传子"优良传统。大禹身故后，其子后启继承大位，开创了中国"天下乃一家之所有"的"天下为私"属性，形成了"传子不传贤"的传统，但这两者皆"受命于人"（天子之位，由人传之）。《尚书·甘誓》曰：

> 予誓告汝：有扈氏威侮五行，怠弃三正，天用剿绝其命，今予惟恭行天之罚。④

《尚书·汤誓》曰：

---

① 宋祚胤注译：《周易》，岳麓书社，2011年，第15页。
② 宋祚胤注译：《周易》，岳麓书社，2011年，第5页。
③ 宋祚胤注译：《周易》，岳麓书社，2011年，第17页。
④ 冀昀主编：《尚书》，线装书局，2007年，第50页。

非台小子敢行称乱。有夏多罪，天命殛之。①

《尚书·牧誓》曰：

乃惟四方之多罪逋逃，是崇是长，是信是使。是以为大夫卿士，俾暴虐于百姓，以奸宄于商邑，今予发，惟恭行天之罚。②

上述《尚书》引文，分别为夏朝创始人大禹的儿子后启征伐有扈氏扰乱天下之战、商朝创始人成汤征伐夏朝末君桀的鸣条之战、周朝天子武王姬发征伐商朝末君纣的牧野之战，此皆中国历史上的著名战例，也为后世诸如夏桀、商纣之类的暴君敲响了丧钟——无道之君，天下之人皆可奉行"天之罚"，此乃传统意义上的替天行道。其中，值得注意的是，商汤、周武王的天子之位，非受命于人，乃"受命于天，是谓天命"。

《尚书》中之天是宇宙主宰一般的存在，即至高之神。人世间的王朝兴废、更替受天之主宰，若君主违背了天道，则其天命将失去，新的君主又将受命于天。从而形成"以君治民，以天治君，民意上达于天"的中国传统治理哲学。具体如图9-1所示。

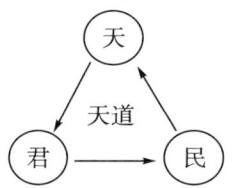

图9-1　以天治君，以君治民，民意达于天

《尚书·周书·泰誓中》曰：

天视，自我民视；天听，自我民听。百姓有过，在予一人，今朕必往。我武惟扬，侵于之疆，取彼凶残；我伐用张，于汤

---

① 冀昀主编：《尚书》，线装书局，2007年，第63页。
② 冀昀主编：《尚书》，线装书局，2007年，第129页。

有光！①

《尚书·商书·西伯戡黎》曰：

> 王曰："呜呼！我生不有命在天？"
> 祖伊反曰："呜呼！乃罪多，参在上，乃能责命于天？殷之即丧，指乃功，不无戮于尔邦！"②

《尚书·蔡仲之命》曰：

> 皇天无亲，惟德是辅；民心无常，惟惠之怀。③

王朝所受天命之关键是什么呢？德也。德者，性也；性者，天命之所谓也。君王无德，自然就无天命；君王有德，自然承天命所在。《尚书·大禹谟》曰："惟德动天，无远弗届。"寡德之君，不能长久也，故商纣王之叹，愚矣。

三、《论语》之天，主宰者也

《论语·八佾》曰：

> 王孙贾问曰："与其媚于奥，宁媚于灶，何谓也？"子曰："不然；获罪于天，无所祷也。"④

在传统意义上，论其位，奥神尊，灶神卑；审其势，则灶神强，奥神弱。孔子讥王孙贾趋炎附势之功利选择，以为"若获罪于天，无所祷也"。一个人若不忠、不孝、不仁、不义，丧失天性，便是逃无可逃。在这里，我们更加清晰地看到了儒家意义上"天"的绝对存在。《论语·雍也》曰：

> 子见南子，子路不说。夫子矢之曰："予所否者，天厌之！

---

① 冀昀主编：《尚书》，线装书局，2007年，第　页。
② 冀昀主编：《尚书》，线装书局，2007年，第　页。
③ 冀昀主编：《尚书》，线装书局，2007年，第　页。
④ 杨伯峻：《论语译注》，中华书局，2006年，第29页。

天厌之!"

《论语·先进》曰:

颜渊死。子曰:"噫!天丧予!天丧予!"①

《论语·述而》曰:

子曰:天生德于予,桓魋其如予何?②

《论语·子罕》曰:

子畏于匡,曰:"文王既没,文不在兹乎?天之将丧斯文也,后死者不得与于斯文也;天之未丧斯文也,匡人其如予何?"③

其实,这四段引文中的天基本上是一样的,即万事万物之主宰,不仅是王朝的命运,人的命运亦包括在其中。

孔子离开卫国经宋国至曹国时,魋欲加害孔子,对此,孔子十分坦然。认为他的命是由天左右,桓魋对他亦无可奈何。孔子认为天是决定中华文明兴衰的关键。作为礼乐文明的传承者,他亦坚信自己不会被匡人所害。字里行间,孔子知天命的坦然与淡定形象自然凸显,可见其信念所在。

四、孔孟之天,性也

孔子所言之天,除了主宰者外,还有一种具有更深刻内涵的天。《论语·宪问》曰:

子曰:"莫我知也夫!"子贡曰:"何为其莫知子也?"子曰:"不怨天,不尤人,下学而上达。知我者其天乎!"④

---

① 杨伯峻:《论语译注》,中华书局,2006年,第72页。
② 杨伯峻:《论语译注》,中华书局,2006年,第82页。
③ 杨伯峻:《论语译注》,中华书局,2006年,第100页。
④ 杨伯峻:《论语译注》,中华书局,2006年,第176页。

《论语·阳货》曰：

> 子曰："予欲无言。"子贡曰："子如不言，则小子何述焉？"子曰："天何言哉！四时行焉，百物生焉，天何言哉？"①

这两段文字乃孔子晚年时期的感受，此处之天，其实为与孔子同在之主宰者，谓之天性，正如周敦颐所谓"圣同天"一样。

经历了波澜壮阔的一生，孔子对自己了如指掌且驾轻就熟。从"四十而不惑，五十而知天命，六十而耳顺，七十而从心所欲，不逾矩"可以清晰看到，孔子从"知天命"到"顺天道"，最终跨越到了"天人合一，从心所欲而不逾越天理"的境界。

孔子晚年之天逐步演变成了后世曾子、子思子、孟子眼中的天性，人之性皆受命于天。此天性者，与人俱生，生而有之，只不过因为人纵情肆欲而常常遮蔽之。若能时刻遵循天性而行，则合乎天理，然后行于礼，此乃"天人合一"矣。

五、《荀子》之天，物质之天也

荀子之天在中国传统文化中独树一帜。在荀子看来，所谓天，诸如天体运行之天、天空之天而已，不是什么主宰者，也没有那么神秘，用现在的哲学术语讲，就是"唯物之天"，这一观点抛却了传统主流儒家的天之意蕴，故荀子非儒家主流，可想而知。

而在荀子看来，所谓天命，其实乃自然法则，类似今之自然规律，我们要研究它、利用它，这与现代之人定胜天大同小异。《荀子·天论》曰：

> 天行有常，不为尧存，不为桀亡。应之以治则吉，应之以乱则凶。强本而节用，则天不能贫；养备而动时，则天不能病；修道而不贰，则天不能祸。故水旱不能使之饥渴，寒暑不能使之

---

① 杨伯峻：《论语译注》，中华书局，2006年，第211页。

疾，祆怪不能使之凶。本荒而用侈，则天不能使之富；养略而动罕，则天不能使之全；倍道而妄行，则天不能使之吉。故水旱未至而饥，寒暑未薄而疾，祆怪未至而凶。受时与治世同，而殃祸与治世异，不可以怨天，其道然也。故明于天人之分，则可谓至人矣。①

又曰：

大天而思之，孰与物畜而制之。从天而颂之，孰与制天命而用之。望时而待之，孰与应时而使之。因物而多之，孰与骋能而化之。思物而物之，孰与理物而勿失之也。愿于物之所以生，孰与有物之所以成。故错人而思天，则失万物之情。②

荀子提出了"天人相分"的观念，实际上否定了"天地生人"的信念，与西方"人是人、自然是自然"的分类原则相类，因此人可以研究自然与征服自然，这就是"从天而颂之，孰与制天命而用之"的科学精神。《荀子·王制》曰：

君者，善群也。群道当，则万物皆得其宜，六畜皆得其长，群生皆得其命。故养长时则六畜育，杀生时则草木殖，政令时则百姓一，贤良服。圣王之制也：草木荣华滋硕之时，则斧斤不入山林，不夭其生，不绝其长也；鼋鼍鱼鳖鳅鳝孕别之时，罔罟毒药不入泽，不夭其生，不绝其长也；春耕夏耘，秋收冬藏，四者不失时，故五谷不绝，而百姓有余食也；污池渊沼川泽，谨其时禁，故鱼鳖优多而百姓有余用也；斩伐养长不失其时，故山林不童而百姓有余材也。③

在荀子时代，该如何"制天命而用之"呢？事实上，独木不成

---

① 王先谦：《荀子集解》，沈啸寰、王星贤点校，中华书局，1988年，第205页。
② 王先谦：《荀子集解》，沈啸寰、王星贤点校，中华书局，1988年，第211～212页。
③ 王先谦：《荀子集解》，沈啸寰、王星贤点校，中华书局，1988年，第105页。

林，仅依靠荀子一人难以改变中国的科学走向。故重在观察、归纳自然现象，从而得出"与天地同行，不失其时"之类的规律而已。

六、诸子之天，义理之源也

相比较西方诸如正义、公平等伦理学概念，中国传统文化中也有相应的义、真诚、无私等义理概念。毫无疑问，这些概念都从中国传统信念之源而生，即所谓"人法天""人道法天道"等。可以说，中国文化实源于天。

先秦诸子对"天"与"天道"的理解不一，从而形成了不同的义理术语，其中最重要的一个就是诚，些处略说明一二。

实际上，要理解儒家为何要求人诚，读者自问便知。人无信不立。要想与人长久相处，唯有学习天道至诚。天无心，故有常，始终如一，从无改变，故能做到"不言而信，不怒而威"。具体如图9-2所示。

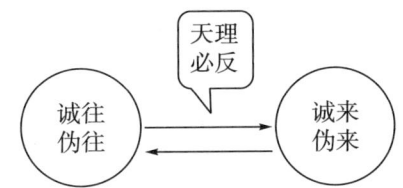

图9-2　诚者人诚之，伪者人伪之，天理报应

由图9-2可知，所谓"诚者自成"。诚伪由己，信疑由人，成败、利害、祸福、吉凶相伴，天理也。

天无私覆，地无私载，圣人无私治，此乃中国传统治理哲学中的必备素质要求。私者，情也；无私者，公也，理也，故治天下，即理天下。其实要求有据可循、不徇私情而已。

第二节 天人合一：我者人，非我者天

何谓天？

综上所论，不难发现，天大体包含以下类别：

一，主宰之天：乃造物主、主宰者，乃至高之存在（老天爷）；乃造物主，万物由之生也（天生之）；乃主宰人与王朝命运之存在（天宰之）；乃与人发生感应关系之存在（天人感应）；二，规律之天：乃赋予人以吉凶祸福规律之存在（天命）；三，义理之天：乃真诚、无私、兼爱、仁义礼智等天性之源头（天性）；四，自然之天：乃自然之运行（天然）；五，物质之天：乃与地相对之存在（天空、天体）。

上述分类基本沿用冯友兰先生《中国哲学史》中的分类原则而稍做调整。事实上，在中国思想史上，天的含义是复杂的、多样的。昔者，黄帝立天道以定人心，今天，我们可否利用人来反衬天呢？即所谓"以人证天"。

在传统中国，人的概念其实主要是基于"人法天"的思维格局而产生的。我是人，这是一个基本的事实。若用文言体形式来表达，则"我者，人也"。那么，若进行类比推理，则"非我者"的判断结果则类似于做一个同类排除法，即"非人也"，但实际上，这里不能只是简单地排除，而应该做一个翻转，上递一个层次，即"天也"。具体如图9-3所示。

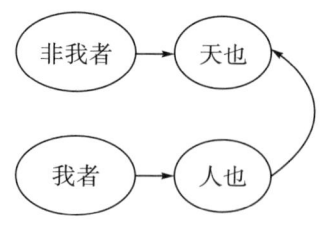

图9-3 我者人，非我者天

诸位，我们仔细梳理"主宰之天""规律之天""义理之天""自然之天"与"物质之天"的概念，将其与"我"进行比较，可得出以下结论：

我是主宰之天吗？不是，故"非我"也；

我是规律之天吗？是自然规律的赋予者吗？不是，故"非我"也；

我是无私、真诚、兼爱、仁义等义理的源头吗？不是，故"非我"也；

我是自然吗？如果相比较而言，我是人，自然则"非我"也；

我是物质之天吗？当然不是，我是人，故"非我"也。

因此，可以肯定一点，上述五大类天，都包含"非我"的同一性，故笔者将天命名为"非我者"，只不过相比较而言，无疑将天的范围进一步扩大化或泛化了，此乃"非我者天"的真正价值所在。

综上，则"天人合一"，何谓？

对于传统的"主宰之天""规律之天""义理之天""自然之天"等，我们唯有遵之、循之、顺之、承之。

总言之，"天人合一"之中究竟包含哪些基本思想呢？笔者基于当代文化背景，特做以下解析。

天与人分别代表什么？

——我者，人也；非我者，天也。

请记住，我们每一个人均应当知道自己是人，而非我者是天，这很重要。特别要指出的是，"非我者"除天的指征之外，更清晰地划分和表明了一种人我界限，意味着对每一个人际交往对象的重视，这就体现了儒家"君子无所不敬"的内涵，也是儒家所谓"君子主敬、君子修身以敬"的体现。所谓"敬人如天，不敢懈怠矣"。

天与人的位次关系是什么？

——天居首，我次之。

人生在世，不能只顾自我，还要兼顾"非我—环境"，只有协调好自我与非我之间的关系，才能获得良性的发展。

"天人合一"，目的在于"得天而一"也。

——我顺天而得天，以成天，一也，大哉！

人若能因天而顺之，自然"能得非我者"也，也就能成其大（大我）也，而于最终成天（人我为一，不分彼此，不亦大我邪）矣。这种思路之下，要求：其一，顺天道，全其性，得天年也；其二，顺人而同人，是以得人也。得人、得天，不亦大乎？具体如图9-4所示。

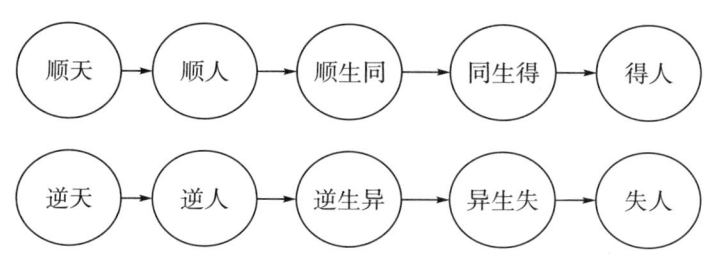

图9-4　顺生同，同生一，一生得，得人得天下矣

第三节　如何运用"天人合一"

事实上，"天人合一"思想已经深入传统中国人生活的方方面面，无论是人与人相处，还是人与环境共存，其中都呈现明显的"天人合一"气象。

至此，就要来说一说，儒家是如何应用"天人合一"的呢？

儒家思想之核心，非仁莫属也。那么，仁与"天人合一"的关系是什么？可以说，仁乃实现人际"天人合一"的解决方案或关键途径。所谓仁者，兼人己之欲也，故仁者爱人。所谓爱者，视人如己者也。什么意思？己者，我也；人者，非我也。视人如己者，即视"非我"如"我"者，不亦一人乎？即"天人合一"也。即人际非我与我为一，乃是通过仁的方式实现的。具体如图9-5所示。

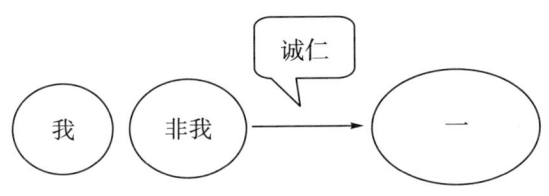

图 9-5　诚仁者，"天人合一"之道也

大器者能容，故不盈，是以弗骄也；小器者易盈，故难容，是以骄人矣。可见，骄傲与谦虚的关键，还是在于人的器量。若不修身，何以成大器？

仁者必爱人，自然不骄人也。但爱者未必仁，为何？小人也有爱，但诚不仁也。从诚到仁，由仁到礼，由礼到信，从信到忠，此乃人际交往之正道。诚能践行之，则必可实现人与人之间的"相信、相容、相得、相爱"而至于"人我一"之至高境界，此乃儒者"天人合一"之道。具体如图 9-6 所示。

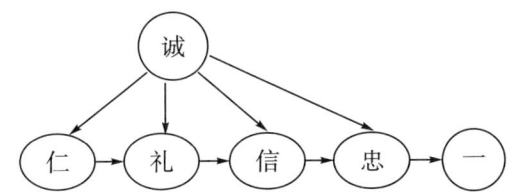

图 9-6　诚仁以礼，人信而忠，天（非我）人（我）合一

昔西伯戡黎，商之臣祖伊谏其王，王曰：呜呼！我生不有命在天？祖伊反曰：呜呼！乃罪多，参在上，乃能责命于天？何谓？

戡，胜也；乃，前曰汝，后曰宁；参，懒懈也。纣王以为天命恒在己，祖伊辨其误，自罪于天，岂可责于天邪？

天，何谓？天，性也，非人之欲也。天性之于人，相近也，然人之欲，则异焉。

为人上者，其欲不节，或害己之性，或害民之性也。害己之性，亡其天也，故丧其身；害民之性，则民反之，故亡其国也。

故曰：丧身亡国，责人非责天。

——《耳有子·治书·天论》

或问：昔人重天，今人重乎？

应之曰：益重矣。何以明之？

昔者，吾先人重天，是以唱"人法天"之说，尚天矣。重人者，人皆自是也；尚天者，人皆自知矣。

昔老子曰：天地不仁，以万物为刍狗。是故人自是、自重，天弗是焉。

故曰：天弗重人，人自重耳。

——《耳有子·人书·天论》

论曰：吾人之学，不过天人一耳。

天人，何以一邪？人法天，人道法天道，是以一也。

天之道，何谓？天理也，亦今人"宇宙真理、自然法则"之谓也。

故斯派之学，实尚"天理"也。

故曰：天理至上，天下一道。

——《耳有子·人书·天论》

或问：人道法天道，吾人是之，西人非之乎？

应之曰：非必是也。天地一道，万物皆法之。

——《耳有子·人书·天论》

耳有子尝论曰：我者，人也；非我者，天也。

所谓"天人合一"者，"我"与"非我"合二为一也。

何以合二为一焉？人心有别，有我，必有非我；天心无分，无我亦无非我。

是故欲二而一，必"自我"而"无我"，一焉。

由是观之，道者"道法自然"，非"道法自己"，无我也；儒者"克己复礼"。胜"我"而循"礼"，亦无我也。

故曰：天人合一，无我之谓也。

——《耳有子·人书·天论》

老子曰：反者，道之动；弱者，道之用。何谓？相反相成，道也。

老子亦曰：圣人后其身而身先，外其身而身存。何也？言其相反相成之用也。

河上公注曰：先人而后己也，天下敬之，先以为长；薄己而厚人也，百姓爱之如父母，神明佑之若赤子，故身常存。何谓？

耳有子曰：先己后人，厚己薄人，人情之常也，圣人则反其道而行之，孰不悦而反其身邪？是故人皆推而举之、感而戴之，虽不欲居其位，圣人反得其位矣。

儒者言修身，反躬自问，返修其身，是以其行必仁矣。故仁者，反人之常，终得其人，谓之人道矣。

故曰：天道复，人道仁，反之谓也。
——《耳有子·明道·反论》

或曰：有德者不骄人，何也？

老子有言：上德若谷、广德若不足。言德者虚而不骄也。

昔程子曰：富贵骄人，固不善。学问骄人，害亦不细。言骄人之害也。

耳有子曰：骄人者，或以富骄人，或以贵骄人，或以学问骄人，皆恃其物耳。物者，富者以币，贵者以位，学者以章句耳。骄人者，皆因人之物不足而己有余，是以骄焉。岂不知币、位、章句之类，皆非其恒有，终必有亏有失矣。俟其亏失，骄乎？

故有德者不然，不恃其外物，而恃其恒有，是以常不失矣。人之恒有者，天之性也，自然之理也，非人之情欲焉。是故有德者，率性而伏其情，循理而胜其欲，外物不足以挠之，故能与天同行，天人一焉。

故曰：物不诱，德不骄。

——《耳有子·明道·德论》

俗云"人穷志气短"，何谓？

昔之"穷"者，言其困也；今之"穷"者，言物不足也，实贫矣。

昔程子曰：骄是气盈，吝是气歉。人若吝时，于财上亦不足，于事上亦不足，凡百事皆不足，必有歉歉之色也。

孟子曰：富贵不能淫，贫贱不能移，威武不能屈，此之谓大丈夫。言其有常也。

今之人，物不足则气歉歉焉，畏首畏足矣，岂丈夫之色乎？

俗云"气色不改"者，言其能常也。

耳有子曰：君子守常，心安于道义，内实足也，岂可为外物所屈哉？

贵贱若一，宠辱不惊，气色不改，是谓君子矣。

小人则不然，心无所守，内虚而无主，是以牵于欲，役于物，是故富则骄，气盈炎天也；穷则吝，气歉委地矣。俗云"得意忘形"者，变色之小人也。

故曰：气色不改，诚知常矣。

——《耳有子·明儒·常论》

或问：容之用，孰能也？

应之曰：器也。

昔老子曰："埏埴以为器，当其无，有器之用。"何谓？

器之用者，以其无也。无者，虚也，是以器实则不容矣。

物如此，人亦然。何以明？

昔孙子曰：譬如骄子，不可用也。何谓？兵骄者，盈而无虚，是以难容其人，难用矣，故俗云"骄兵必败"，无用之谓也。

耳有子曰：人，犹器也。器有大小，容有宽狭。骄者盈焉，无其虚，则难以容，是以终无大用也；谦者虚焉，以其所虚，是以能容，终必大用矣。

故曰：虚则用，盈则废，容尔。

——《耳有子·明儒·容论》

俗云"宽容"者，何谓？不宽，何以能容？狭，岂能容乎？

俗亦云"成大器"者，何谓？

夫器，盛物以为用也。器若无容，物何以盛哉？大器者，其容乃大也。

昔宋有问于程子者，曰：人于义论多欲直己，无含容之气，是气不平否？

程子对曰：固是气不平，亦是量狭。人量随识长，亦有人识高而量不长者，是识实未至也。何谓？

言人之容有大小，故量亦有宽狭也。今云"容量"者，实容即量也。

程子亦曰：今人有斗筲之量，有釜斛之量，有钟鼎之量，有江河之量。江河之量亦大矣，然有涯，有涯亦有时而满。惟天地之量无满。故圣人者，天地之量也。圣人之量，道也。常人之有量者，天资也。天资有量须有限。何谓？

昔子言"君子不器"，实不止于器，乃志于道耳。何也？以器之量终有限，而道无量矣。

夫道，无所不容，故言"道包天地"，言其无量矣。

耳有子曰：常人之量有限，因其心未必道也，故常自满而溢之，是以骄其行；圣人之量，无限矣，故常虚而自然。

故曰：容不足者常盈，量有余者常虚。

——《耳有子·明儒·容论》

昔程子曰：仁者以天地万物为一体，莫非我也。知其皆我，何所不尽？何谓？言仁之功也。

耳有子曰：仁者，兼人我也，故公也。公者，人我一而无所别焉。

故程子曰：公则一，私则万殊。此之谓也。

小人不仁，私而不兼，是以不容人也；君子守仁，兼而不私，是以容人。小兼则小容，小仁也；大兼则大容，大仁也，至则容天地矣。

是故程子曰：博施济众，乃圣之功用。言其大仁矣。

昔老子曰：圣人不仁，以百姓为刍狗。圣人非不仁也，实至仁焉，一视同仁耳。

故曰：至仁不仁，一视同仁。
——《耳有子·明儒·仁论》

或问：仁者爱人，其体何谓？
应之曰：仁之体者，公也。何以明？
夫仁者，兼人我之欲也。兼者容，容者公。
故曰：公者，仁之本也。

夫公者，人我一也。
耳有子曰：视人如己，谓之爱。是故仁者能爱人，必焉。
昔孟子曰：恻隐之心，仁也。亦曰：恻隐之心，仁之端也。是以后人以爱为仁，然程子曰：爱自是情，仁自是性，岂可专以爱为仁？
故耳有子曰：小人亦爱人，然小人常不仁也；君子安于仁，是以常爱人矣。仁者公，公者理，理者性，性者天；爱者私，私者情，情者欲，欲者人。仁主爱，公主私，理主情，性主欲，天主人，天人之道也。
故曰：仁则爱，爱不必仁。
——《耳有子·明儒·仁论》

或问：仁者爱人，爱物乎？
应之曰：仁者人物皆爱，人先焉。何以明之？
昔子之马厩失火，家仆告之，子曰：伤人乎？子不言马,而先言人,此其证也。

或曰:汤之德及禽兽,何其仁邪?

应之曰:圣王之仁,非常人所能及之也。圣王法天,其德天覆地载,以及万物,岂止禽兽哉?!

故耳有子曰:夫仁,视人如己,人我为一,人之道也;视物如我,物我为一,天之道也。

故曰:天地之大德曰生,圣王法之,仁之谓也。

——《耳有子·明儒·仁论》

或问:容之于信疑,何也?

应之曰:信者,一人我也,同心同德之源也;疑者,二人我也,离心离德之所由也。昔世言"离间计"者,实使人相疑,以至于离心而相残也。

耳有子曰:相信者,实相容也,是以相得,故常友焉。昔云"朋友贵信",此之谓也。相疑者,实不容也,是以相离,故常仇焉。

故曰:信生容,疑生失。

——《耳有子·明儒·容论》

人能相信,自然相容,是以一焉,可见"信生一"之理也。

或问:君子守一,其道,何谓?

应之曰:正道也。以道者言之,道有二,正道焉,邪道焉;以儒者言之,道二,仁焉,不仁焉。合而言之,君子守

仁，行正道，一也。

故周子曰：动而正曰道。亦曰：匪仁、匪义、匪礼、匪智、匪信，悉邪矣。

何谓？周子亦言君子一其道也，以为邪动召辱，甚焉则害也。

故曰：君子一而正，小人二而邪。

——《耳有子·明儒·人品》

或问：言忠，亦言信，何也？

应之曰：忠者，尽心至于一也。

何以致一？由信焉。信者无疑，故尽心而忠焉。

耳有子曰：不信之，则疑之，疑则二焉，何以忠？

故曰：信生忠，疑生异。

或问：下先忠，后失其忠，何也？

应之曰：上下相得者，必由其信，故一而忠；上下相离者，必由其疑，故二而异，忠衰矣。

昔黄石公曰：危，莫危于使疑。俗云"用人不疑，疑人不用"之谓也。

何也？言用人而疑，上下交感，下必知之，疑生异，异生惧，惧生离，"离心离德"之谓也，危矣！

故老子曰：信者吾信之，不信者吾亦信之，得信。何谓？

信生一，一生忠，忠生得，"同心同德"之谓也，上下相得矣。

故曰：上失信，下失忠。
——《耳有子·明儒·忠论》

天作孽乎？天作德乎？皆非也。

天者，自然也。孽、德，人之毁誉者也。天虽以春夏秋之生，三时也；却以冬之杀，一时也。

是故后世有言：天有好生之德，誉其三生也。

是耶？非耶？缘何不明其以一冬遍杀万物，天何其不仁哉？

三生者，仁也；一杀者，不仁也。

天仁乎？不仁乎？皆非也。

故世人名'天杀者，天生者'以伸报殃报德之愿，亦皆非也。

非天之报，人报也！

故子尝曰：夫天下之报殃于无德者，必与其民。言其人报而非天矣。

或问：何谓邪？

史云：夏桀商纣无道，横行一己之欲而为暴于天下，杀戮无辜，粒食之民辗转死于沟壑，忿怨之气盈于天地之间，人类危矣。

圣人起兵禁残止暴，故覆其位，革其命，弭其乱，天下重归于平。

是以后世之人，思其德，必称圣人，朝夕祝之，升闻皇

天，上神歆焉，故永其世而丰其年也。

耳有子曰：报桀纣之殃，非天乃人也。时桀纣为暴，天下穷矣。故民穷则思，思则变，变其天也。

圣人顺天应人而举事，一呼万应，故有武王孟津观兵而八百诸侯不期而至之迹。

是以圣人时则举，事则成。顺天者，顺时也。

或曰：圣人爱百姓而忧海内，是耶？非耶？皆无应也。

耳有子论曰：圣人非爱百姓，乃爱其类也；非忧海内，乃忧其子孙也。

值乱世，圣人岂敢独善其身乎？非不敢，实不能也。若能遗世独立而不顾子孙，人类危矣。

故圣人之革命，实其天主之也。天者，性也。圣人爱其子孙则救其后嗣，推之则爱百姓及人类矣。非爱，乃性也。

故曰：名之报德报殃以天，实乃人性之必也。

是以后世居人上者，与其曰畏天，不若敬其民也。

民者，天也，不可不畏。

——《耳有子·本书·天本》

或曰：诚能通天，何谓？

应之曰：诚者，天人之会，故通天也。

昔舜禅位于禹曰："官占，惟先蔽志，昆命于元龟。"何谓？蔽，断也；昆，后也。官占卜之法，必先定其志，而后卜于龟也。何也？

志不定则心不诚,心不诚则天人绝隔,是以无感,故无效也。

世俗云"心诚则灵",此之证也。

或难曰:不诚,何以天人无感?

应之曰:诚者,天之道也。不诚者,内自欺也。

自欺者何?人欺其天,故天人二而非一,何以感而通哉?

——《耳有子·明儒·诚论》

古之治天下者,政循天时,不可失也,失则刑其官。

何以明之?昔夏仲康时,羲和氏主四时,然其沉乱于酒,昏迷于天象,是以干先王之诛,故王令胤往征之。

何也?夏之《政典》曰:先时者杀无赦,不及时者杀无赦。

羲和氏失其时,故征之。

故曰:时不可失,天不可干,此之谓也。

——《耳有子·治书·法天》

或难曰:先王之治,顺乎天而人不应,奈何?

应之曰:知而明之,可也。

何以明之?昔书经载,盘庚迁殷,臣民多不欲之,故云:后胥戚鲜,以不浮于天时。殷降大虐,先王不怀厥攸作,视民利用迁。汝曷弗念我古后之闻?

何谓？

后，王也；胥，清也；鲜，明也；浮，罚也。盘庚言先王之迁，实顺天之行以免其灾，保民利民也，殷民终明也。

昔子曰：民可使，由之；不可使，知之。盘庚训其民，实知之也。

故曰：上下同归，法天致治。

——《耳有子·治书·法天》

昔商王臣祖己曰："惟天监下民，典厥义。降年有永有不永，非天夭民，民中绝命。民有不若德，不听罪。天既孚命正厥德。"

何谓？

监，监视也；典，善也；永，长命也；中，身也，心也；若，善也；孚，通付，给予也。祖己言天予人寿有短长，然其夭，非天也，实自绝也。

是故有不善之德，有不听天意之罪，天降兆欲命其自正，归于善也。

故曰：天绝自绝之人，天助自助之人，一也。

——《耳有子·本书·天论》

昔孟子曰：人之所不学而能者，其良能也；所不虑而知者，其良知也。

何谓？良能、良知者，源乎天，应乎人，世俗"天赋、本能"之谓也。

比之良能、良知，学而能、虑而知者，人能、人知耳。

昔张子曰："诚明所知乃天德良知，非闻见小知而已。"

问：何谓也？

应之曰：夫诚者，性之体尔。

人能诚，则其性合乎其天，天人合一，是以良能彰，良知显矣。

是故张子曰：性与天道合一存乎诚。

亦曰：天人异用，不足以言诚；天人异知，不足以尽明。言诚则天人合一也。

故曰：诚则天人一，良能良知之方。

——《耳有子·明儒·诚论》

幸福、12块大洋和60年的夫妻

（一篇纪念先父的随笔）

老家来电告知：父亲患病，急需动手术。心急火燎之下，我决定次日回家。临行前，妻子对其公婆如何走到一起生活的往事甚感兴趣，希望借我此行听取了了，以作为我们夫妻生活的参考。哭笑不得之中我也只好先应承下来。

回家后，父亲经专家主刀，顺利实施了肿瘤切除手术。这几天，我与哥哥、弟弟轮流到医院陪床护理。在陪伴父亲的过程中，我想了许多，自己除了每年会给父母寄些钱，但究其实质，实在找不出堪称孝顺之举，不算是一个孝顺的儿子。倒是弟弟，他日常的一言一行中无不体现着对父母的孝顺。相比之下，我十分惭愧。

自回家之后，我一直在为父亲的身体状况感到忧虑与不安，妻子的嘱咐早已被我忘在脑后，未承想，妻子今天下午竟然来电谈及此事。闲谈之中，她对"什么是幸福的生活"这一话题发表了自己的看

后记 幸福、12块大洋和60年的夫妻

法。晚上去医院陪床时，见父亲气色不错，我便与他聊起了儿时之事，弟弟在一旁加以补充和修正，父亲不时发出快意爽朗的笑声，一如我孩童时期的印象。聊着聊着，话题便不自觉转到印象中父母亲仅有的一次吵架经历上来。

我与弟弟相差两岁，我相对瘦小，可能是多吃一年奶水的缘故，弟弟个头几乎和我差不多高，甚至更壮。为了所谓"兄长的尊严"，我经常和弟弟打架。一次，不知为什么，我们两个又打了起来。父亲十分生气，就让我俩跪在搓衣板上，狠狠地揍我们。当时，母亲在厨房做晚饭，听到我与弟弟两人鬼哭狼嚎，就从厨房里冲了出来，她瘦弱矮小的身躯挡在竹棍与我们之间，大声呵斥："轻一点，怎么能把孩子往死里打？"没想到父亲在盛怒之下，竟然打了母亲一耳光。

目睹了这一幕，我与弟弟从地上爬起来，一起向父亲冲了过去。弟弟抱住父亲的大腿，我用小拳头捶父亲的腰，奶奶也跑过来打父亲，这才罢了。几天之后，由我做中间人牵线，母亲才原谅了父亲。

事情过去了近30年，却如同昨日一般。我问父亲，除了这次，他与母亲是否还吵过架？父亲的回答很简单："只有这一次，其他再没有了。"听了这一回答，我不禁感慨万千。父亲身形健壮，母亲则瘦弱矮小，用现今社会的眼光来看，两人外形的确不甚般配，却并没有妨碍两人做了60年的夫妻。

对渴望"执子之手，与子偕老"浪漫爱情的现代人而言，60年的夫妻的确值得人称羡。事实上，父母之间的夫妻情缘仍将持续下去，80年、100年，这已然是一种命运。

想起妻子的叮嘱，我便问起父亲与母亲相知、相恋、结婚的经过。父亲说，他1岁多的时候，爷爷和外公便用12块大洋为父亲和母亲订下了娃娃亲。二人长大后，经媒人提亲，母亲便嫁给了父亲。时光流逝，我们姐弟四人相继来到了这个世界，时至今日，均已年逾花甲。

听完父母的故事，我有一种大道至简、单纯朴素的感动。回想起

此次刚回家第一天，母亲流着眼泪对我说："你父亲要是有事，我也活不了。"我便更加体悟到这句话背后深沉的悲伤。

小时候，我常常对父母心存畏惧。怕父亲是因为他有时会下手揍我，怕母亲是因为她会用再朴素不过的轻言细语让我对自己的行为感到羞愧。一边是强硬霸道的父亲，一边是循循善诱的母亲，成长路上，他们让我懂得了用坚强与勇敢面对艰难险阻，用自尊与自爱面对生活。就在我写下这篇随感的时候，听着父亲轻微又平稳的鼾声，我心里满是幸福，能做他们的儿子，我真的很幸运。

什么是幸福的生活？我可能也难以言说清楚，却从父母60年的夫妻历程中深深体会到了。或许，妻子想要的我永远无法兑现，但我可以将父母的故事与她分享，12块大洋的订亲礼，拿到现今社会来看也许有些"搞笑"，却成就了父母60年生死相依的夫妻缘分和深情。他们用时间与行动证明了自己，他们拥有了我们所向往的幸福生活，一切都是那么平实、真切而自然。

望着病床上沉睡的父亲，我只希望他们能做80年、100年的夫妻。如果能用生命来证明一种幸福，我愿意。这，或许就是我对妻子的答复。

陈东（耳有子）

2006年2月18日夜

湖北省黄冈市蕲春县红十字医院

按：

先父陈文有，一生勤恳，精于木匠之业，十里八乡皆善其人、誉其能。先父一生操劳不息，然不幸患癌，于2006年6月18日离世，终年60岁。适先父忌辰近15周年，特发此文，以资纪念。